江 华 等◎著

发挥行业协会商会
在国家治理体系现代化建设中的
作用研究

Research on the Role of Business Associations in
Modernizing China's System for Governance

中国财经出版传媒集团
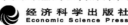
经济科学出版社
Economic Science Press

·北京·

图书在版编目（CIP）数据

发挥行业协会商会在国家治理体系现代化建设中的作用研究／江华等著. -- 北京：经济科学出版社，2023.10

ISBN 978 - 7 - 5218 - 5325 - 4

Ⅰ.①发… Ⅱ.①江… Ⅲ.①社会组织 - 参与管理 - 作用 - 国家 - 行政管理 - 现代化管理 - 研究 - 中国 Ⅳ.①D630.1

中国国家版本馆 CIP 数据核字（2023）第 204576 号

责任编辑：杜　鹏　武献杰　常家凤
责任校对：王京宁
责任印制：邱　天

发挥行业协会商会在国家治理体系现代化建设中的作用研究
江华　等◎著
经济科学出版社出版、发行　新华书店经销
社址：北京市海淀区阜成路甲 28 号　邮编：100142
编辑部电话：010 - 88191441　发行部电话：010 - 88191522
网址：www. esp. com. cn
电子邮箱：esp_bj@ 163. com
天猫网店：经济科学出版社旗舰店
网址：http://jjkxcbs. tmall. com
固安华明印业有限公司印装
710×1000　16 开　11.5 印张　180000 字
2023 年 10 月第 1 版　2023 年 10 月第 1 次印刷
ISBN 978 - 7 - 5218 - 5325 - 4　定价：88.00 元
（图书出现印装问题，本社负责调换。电话：010 - 88191545）
（版权所有　侵权必究　打击盗版　举报热线：010 - 88191661
QQ：2242791300　营销中心电话：010 - 88191537
电子邮箱：dbts@ esp. com. cn）

　　温州大学人文社会科学处和浙江省哲学社会科学重
点研究基地温州人经济研究中心为本书的出版提供了
资助。

前　言

　　党的十八届三中全会召开以来，社会组织参与国家治理体系现代化这一课题开始引起学术界的关注，而党的十九届四中全会的召开，把对这一问题的研究推向高潮。长期从事社会组织研究的我们对这个领域同样非常感兴趣，我们的研究内容更具体一些，把关注点放在对行业协会商会在国家治理体系现代化中的作用的研究上。

　　行业协会商会是参与国家治理体系现代化建设的非常重要的社会组织。从民政部的统计数据来看，自 2005 年起行业性社团在数量上超过了专业性、学术性和联合性社团，成为我国第一大类的社会组织。与其他社会组织相比，行业协会商会具有两大优势：一是行业协会商会有更高的自主治理能力。与工会、妇联和作协等体制内的社会组织相比，行业协会商会有更高的民间性和自主性；与"草根"组织和社区组织相比，行业协会商会有更多的经费来组织活动；与基金会和环境非政府组织（NGO）等相比，行业协会商会有覆盖全国的系统性组织。总体上看来，行业协会商会比其他社会组织有更高的自主治理能力，这构成行业协会商会参与国家治理体系现代化建设并发挥重要作用的内在条件。二是在国家治理体系现代化建设进程中，行业协会商会是最受党和政府支持的社会组织之一。党的十八届三中全会通过的《中共中央关于全面深化改革若干重大问题的决定》要求重点培育和优先发展的社会组织中，行业协会商会是其中之一；党的十九届四中全会通过的《中共中央关于坚持和完善中国特色社会主义制度 推进国家治理体系和治理能力现代化若干重大问题的决定》要求在构建基层社会治理新格局的过程中要发挥行业协会商会自律功能；2021 年 3 月发布的《中华人民共和国国民经济和社会发展第十四个五年规划和 2035 年远景目标纲要》也特别要求在发挥社会组织在国家治理中的作用时要培育规范化行业协会商会。行业协会商会因为能够有效推进国家治理体系现代化而受到党和政府支持，这构成了行业协会商会参与国家治理体系现代化建设并发挥重要作用的外部条件。

坚持党的集中统一领导是我国国家制度和国家治理体系的显著优势。行业协会商会在参与国家治理体系现代化建设进程中，必须要坚持党的领导，走出一条具有中国特色的行业协会商会发展之路。近年来，行业协会商会等社会组织党建工作全面推进并已成为推进国家治理体系现代化的重要抓手，因此，研究党建对行业协会商会参与国家治理体系现代化的作用成为本书的一个核心内容，并且是本书四个组成部分的基础。行业协会商会作为介于政府与市场之间的第三部门，其发挥作用的主要领域为市场与行业治理、社会治理及公共政策参与。因此，本书除了关注在行业协会商会加强党的领导对行业协会商会参与国家治理体系现代化的作用之外，还聚焦行业协会商会参与政府转型、参与市场治理和社会治理这三个核心领域。国外学者关于国家治理模式变革及行业协会商会参与国家治理的相关研究，对于我国行业协会商会参与国家治理体系现代化建设研究具有重要的借鉴意义，但毕竟"国家治理体系现代化"概念是发展和完善中国特色社会主义制度语境下的理论创新，国外理论需作本土化思考和调整，而目前国内学者尚未对全面深化改革新时期行业协会商会在参与国家治理体系现代化建设中的作用进行系统的理论和实证研究。所以，本书的主要目的是以行业协会商会党建工作对行业协会商会参与国家治理体系现代化建设的作用、行业协会商会参与政会关系重构、市场治理及社会治理为四个主要维度，通过理论分析及实证研究探究行业协会商会在我国国家治理体系现代化建设中的作用并提出相关政策建议，希望能够弥补该领域研究的荒疏。由于行业协会商会参与政会关系重构、市场治理及社会治理每一个维度涉及的内容众多，本书只是选取各维度的一两个具体问题进行研究：行业协会商会参与政会关系重构维度研究了新型政会关系中行业协会商会组织转型的过程模型、模式与挑战；市场治理维度选取行业协会商会在推动区域经济一体化、在国家创新体系中的作用进行研究；社会治理维度则对行业协会商会参与自愿性环境治理问题进行了研究。

我们从 2015 年开始进行调研、讨论和写作，历经数载终得成书。本书虽不敢认为是给已有相关研究添砖加瓦，但毕竟尽己所能地进行了一些探索，也算是我们多年对行业协会商会研究的一个阶段性总结。就此而言，令人欣慰。

周莹、周俊、浦文昌、赵晓翠参与了本书的写作；我的同事张建民、周建华和何宾在本书写作过程中付出了许多心血，给予我非常大的帮助；浙江工商大学郁建兴教授和浙江大学沈永东教授对本书的框架提出了富有建设性的意见。在此谨向所有在本书的写作和出版过程中帮助过我的朋友们一并致谢！

江 华

2023 年 10 月

目　录

第一章

引　言

一、本书研究的背景与意义

党的十八届三中全会通过的《中共中央关于全面深化改革若干重大问题的决定》（以下简称十八届三中全会《决定》）指出："全面深化改革的总目标是完善和发展中国特色社会主义制度，推进国家治理体系和治理能力现代化。"[①] 激发社会组织活力，发挥社会组织在国家治理体系中的作用是完善和发展中国特色社会主义制度的一个重要组成部分。十八届三中全会《决定》支持"重点培育和优先发展行业协会商会类、科技类、公益慈善类、城乡社区服务类社会组织"[②]，并要求"加快实施政社分开，推进社会组织明确权责、依法自治、发挥作用"[③]。

党的十九届四中全会通过的《中共中央关于坚持和完善中国特色社会主义制度 推进国家治理体系和治理能力现代化若干重大问题的决定》（以下简称十九届四中全会《决定》）全面论述了坚持和完善中国特色社会主义制

[①] 中共中央关于全面深化改革若干重大问题的决定//中共中央文献研究室. 十八大以来重要文献选编（上）[M]. 北京：中央文献出版社，2014：512.

[②] 中共中央关于全面深化改革若干重大问题的决定//中共中央文献研究室. 十八大以来重要文献选编（上）[M]. 北京：中央文献出版社，2014：540.

[③] 中共中央关于全面深化改革若干重大问题的决定//中共中央文献研究室. 十八大以来重要文献选编（上）[M]. 北京：中央文献出版社，2014：539.

度、推进国家治理体系和治理能力现代化的重大意义和总体要求，并从坚持和完善党的领导制度体系等多个方面部署了坚持和完善中国特色社会主义制度的具体方针和举措。十九届四中全会《决定》对社会组织在国家治理体系现代化建设中的作用也作了总体性规定，要求健全党的全面领导制度，包括对社会组织的全面领导；要求坚持和完善中国共产党领导的多党合作和政治协商制度，包括基层协商以及社会组织协商；要求构建基层社会治理新格局，"发挥群团组织、社会组织作用，发挥行业协会商会自律功能，实现政府治理和社会调节、居民自治良性互动，夯实基层社会治理基础"①。2021年3月发布的《中华人民共和国国民经济和社会发展第十四个五年规划和2035年远景目标纲要》则提出要"完善共建共治共享的社会治理制度"②，并对社会组织在国家治理中的作用做了部署，要求"发挥群团组织和社会组织在社会治理中的作用，畅通和规范市场主体、新社会阶层、社会工作者和志愿者等参与社会治理的途径，全面激发基层社会治理活力。培育规范化行业协会商会"③。

　　以党的十八届三中全会和十九届四中全会精神为指引，对照行业协会商会的具体实践，我们的研究发现，行业协会商会参与国家治理体系现代化建设的四个维度需加以特别关注。一个重要的维度是党建对行业协会商会参与国家治理体系现代化的作用。另外三个维度对应国家治理体系中三个重要的子体系：政府治理、市场治理和社会治理。国家治理体系现代化建设需要重塑政府与市场及政府与社会之间的关系。行业协会商会是介于市场与政府之间的第三部门，也是在我国优先得到重点培育、迄今发展最为充分的社会组织④。因此，从上面四个维度研究行业协会商会在国家治理体系现代化建设中的作用具有重要意义。

---

① 中共中央关于坚持和完善中国特色社会主义制度 推进国家治理体系和治理能力现代化若干重大问题的决定［M］．北京：人民出版社，2019：30．
② 中华人民共和国国民经济和社会发展第十四个五年规划和2035年远景目标纲要［M］．北京：人民出版社，2021：141．
③ 中华人民共和国国民经济和社会发展第十四个五年规划和2035年远景目标纲要［M］．北京：人民出版社，2021：153．
④ 郁建兴．全面深化改革时代行业协会商会研究的新议程［J］．行政论坛，2014（5）．

二、本书研究的文献述评与问题梳理

本书的研究借鉴了既有文献的成果并在此基础上进行创新，形成独到的研究结论及具有实践指导意义的政策建议。国家治理体系现代化建设的学术文献数量众多，下面主要从我国国家治理体系现代化研究及社会组织（包括行业协会商会）在国家治理体系现代化建设中的作用两大方面予以述评。

（一）我国国家治理体系现代化相关研究

现有文献对中华人民共和国成立以来我国国家治理体系的建构及发展趋势进行了分析。有学者认为政府、市场、社会关系的动态平衡是考察现代国家治理体系成长的重要维度，并认为我国国家治理模式演变的基本趋势是从全能主义国家向法治政府、市场经济、社会治理转变[①]。有学者认为以党的十八届三中全会为标志，中国进入国家治理体系和治理能力现代化的新阶段，实现党、国家、社会各项事务治理制度化、规范化、程序化，体现了治理改革的成功，如依法治国、公民参与等[②]。

现有文献主要围绕国家治理体系现代化的概念和衡量标准及推进国家治理体系现代化举措等方面展开。就国家治理体系的概念而言，有学者认为，政府治理、市场治理和社会治理是现代国家治理体系中三个重要的次级体系[③]。习近平总书记作了权威性定义，指出："国家治理体系是在党领导下管理国家的制度体系，包括经济、政治、文化、社会、生态文明和党的建设等各领域体制机制、法律法规安排，也就是一整套紧密相连、相互协调的国家制度。"[④]

① 何显明．政府转型与现代国家治理体系的建构——60年来政府体制演变的内在逻辑［J］．浙江社会科学，2013（6）；唐皇凤．新中国60年国家治理体系的变迁与理性审视［J］．经济社会体制比较，2009（5）．

② 俞可平．推进国家治理体系和治理能力现代化［J］．前线，2014（1）．

③ 胡宁生．国家治理现代化：政府、市场和社会新型协同互动［J］．南京社会科学，2014（1）．

④ 习近平．切实把思想统一到党的十八届三中全会精神上来//中共中央文献研究室．十八大以来重要文献选编（上）［M］．北京：中央文献出版社，2014：548．

就国家治理体系现代化的衡量标准而言，有学者认为应包括五个标准：治理制度化；治理民主化；治理法治化；治理高效化；治理协调化①。有学者认为推进国家治理体系现代化的前提和实质就是不断完善与发展中国特色社会主义制度②。十九届四中全会《决定》指出："中国特色社会主义制度是党和人民在长期实践探索中形成的科学制度体系，我国国家治理一切工作和活动都依照中国特色社会主义制度展开，我国国家治理体系和治理能力是中国特色社会主义制度及其执行能力的集中体现。"③由此可见，国家治理体系现代化的主要衡量标准是中国特色社会主义制度的完善程度。

就推进国家治理体系现代化建设的举措而言，研究者提出要加强党的领导，破除与中国特色社会主义制度现代化不相适应的体制机制④。构建政府、市场与社会良性互动的治理机制，围绕市场在配置资源中的决定性作用重塑政府与市场的关系及围绕政府多元治理结构重塑政府与社会的关系⑤。

（二）社会组织（包括行业协会商会）在国家治理体系现代化建设中的作用研究

现有文献主要围绕社会组织（行业协会商会）参与国家治理体系现代化建设的意义及路径展开。就其参与国家治理体系现代化建设的意义而言，有学者认为，社会组织是参与国家治理的多元主体之一，参与经济、社会等多个领域的协同治理⑥。在中国共产党的统一领导下，社会组织与政府部门、

① 徐勇. 热话题与冷思考——关于国家治理体系和治理能力现代化的对话［J］. 当代世界与社会主义，2014（1）.
② 包心鉴. 全面深化改革，推进国家治理现代化——从邓小平改革思想到习近平全面深化改革重要论述［J］. 科学社会主义，2014（4）.
③ 中共中央关于坚持和完善中国特色社会主义制度 推进国家治理体系和治理能力现代化若干重大问题的决定［M］. 北京：人民出版社，2019：1，2.
④ 郑言. 推进国家治理体系与国家治理能力现代化［J］. 吉林大学社会科学学报，2014（2）；俞可平. 推进国家治理体系和治理能力现代化［J］. 前线，2014（1）.
⑤ 刘俊杰. 推进国家治理体系和治理能力现代化的基本问题［J］. 哈尔滨市委党校学报，2014（1）.
⑥ 李林. 坚持在法治轨道上推进国家治理体系和治理能力现代化［J］. 暨南学报（哲学社会科学版），2021（1）；贾玉娇，傅丹青. 中国国家治理体系的结构变迁与能力提升——基于分化与边界视角的分析［J］. 浙江社会科学，2020（2）.

人民团体及企事业单位等一起构成密切相连、协调一致的协同治理体系；治理主体多元化是中国特色社会主义治理模式的重要特征①。社会组织在国家治理体系中作为参与共治的主体之一，应承担其相应的治理职责，与其他治理主体形成治理合力②。

此外，社会组织参与国家治理体系现代化建设有其独特优势，因其存在于社会之中，其权威植根于社会内部，在解决社会问题过程中可以形成一整套自我运转的规则和秩序③。社会组织在提供公共服务、反映利益诉求、扩大公众参与等方面发挥着积极作用，是构建社会治理新格局的重要力量④。社会组织作为第三部门可在政府的授权和支持下提供公共品，作为市场与政府之外的第三种分配资源的主体⑤。

就社会组织参与国家治理体系现代化建设的路径而言，有研究者认为社会组织必须加强党建工作，确保其组织发展与国家战略相一致，使其拥有参与国家治理体系现代化建设的合法渠道⑥。社会组织可以通过基层调研等方式了解民情，向政府相关部门提出政策建议，参与政府的政策过程⑦。此外，社会组织可积极参与落实国家治理体系现代化建设的各项举措，通过互联网等传播媒介并运用数字技术宣传国家的相关治理制度，在形式和内容上推动国家治理制度的变革⑧。

行业协会商会参与国家治理的相关研究主要集中于行业协会商会参与政

① 戴木才. 国家治理体系和治理能力现代化的重大创新 [J]. 前线，2021（2）；洪向华，张杨. 论国家治理体系和治理能力现代化的五重维度 [J]. 大连理工大学学报（社会科学版），2020（3）.

② 陈金钊，俞海涛. 国家治理体系现代化的主体之维 [J]. 法学论坛，2020（3）；胡辉华，张丹婷. 国家治理体系中的社会组织党建及其面临的挑战 [J]. 新视野，2020（3）.

③ 赵孟营. 组织合法性：在组织理性与事实的社会组织之间 [J]. 北京师范大学学报（社会科学版），2005（2）.

④ 王名，蔡志鸿，王春婷. 社会共治：多元主体共同治理的实践探索与制度创新 [J]. 中国行政管理，2014（12）.

⑤ 许耀桐，刘祺. 当代中国国家治理体系分析 [J]. 理论探索，2014（1）.

⑥ 胡辉华，张丹婷. 国家治理体系中的社会组织党建及其面临的挑战 [J]. 新视野，2020（3）.

⑦ 马德普. 论健全下情上达机制对完善国家治理体系的重要性 [J]. 政治学研究，2020（3）.

⑧ 黄楚新，刘美忆. 我国新型主流媒体与国家治理体系和治理能力现代化 [J]. 中国出版，2020（15）；马丽雅，陈祥勤. 完善"中国之制"，推进"中国之治"——新时代推进中国特色社会主义制度和国家治理体系建设的理路论析 [J]. 同济大学学报（社会科学版），2020（6）.

府行政体制改革和政府职能转变两个方面。从行业协会商会作为经济治理机制的比较优势角度看，行业协会商会具有提供信息和协调行动这两方面的基本职能[1]。行业协会商会的发展为政府经济管理职能转变和相应的行政机关改革的顺利进行奠定了基础[2]。行业协会商会被政府赋予了大量事关行业发展的准公共职能，使其在一定程度上发挥了行业治理的作用，并且它们在一定程度上被赋予了公共政策参与和地方治理职能，为开拓相对于国家的社会空间发挥了积极作用[3]。党的十八届三中全会提出完善和发展中国特色社会主义制度，推进国家治理体系和治理能力现代化这一全面深化改革总目标后，研究者就行业协会商会在国家治理体系现代化建设不同子系统中的作用进行了更为深入的研究。例如，在政会关系领域，学者们对行业协会商会长期依附权威资源的路径依赖问题以及因会员逻辑而引致的市场行为异化与自主性危机问题等进行了深入的理论分析[4]，并在此基础上，进行行业协会商会行政脱钩研究，探讨脱钩改革的策略、风险及其防范[5]，脱钩后行业协会商会的自身功能定位、资源汲取、发展战略与政会关系[6]，以及脱钩后行业协会商会的专业化、人才队伍建设与社会化运作[7]等；在市场治理领域，研究行业协会商会作为政府与市场主体之间的桥梁和纽带以及一种经济治理机

---

[1] 余晖，等. 行业协会及其在中国的发展：理论与案例 [M]. 北京：经济管理出版社，2002；郑江淮，江静. 理解行业协会 [J]. 东南大学学报（哲学社会科学版），2007（6）.

[2] 贾西津，沈恒超，等. 转型时期的行业协会：角色、功能与管理体制 [M]. 北京：社会科学文献出版社，2004.

[3] 郁建兴，周俊，张建民. 全面深化改革时代的行业协会商会发展 [M]. 北京：高等教育出版社，2014；张捷，王霄，赵永亮. 商会治理功能与组织边界的经济学分析 [J]. 中国工业经济，2009（11）.

[4] 沈永东，宋晓清. 新一轮行业协会商会与行政机关脱钩改革的风险及其防范 [J]. 中共浙江省委党校学报，2016（2）；宋晓清. 谨防行业协会商会与行政机关脱钩过程中的三种风险 [J]. 中国社会组织，2015（21）.

[5] 沈永东，宋晓清. 新一轮行业协会商会与行政机关脱钩改革的风险及其防范 [J]. 中共浙江省委党校学报，2016（2）；贾西津，张经. 行业协会商会与政府脱钩改革方略及挑战 [J]. 社会治理，2016（1）.

[6] 贾西津，张经. 行业协会商会与政府脱钩改革方略及挑战 [J]. 社会治理，2016（1）.

[7] 傅昌波，简燕平. 行业协会商会与行政脱钩改革的难点与对策 [J]. 行政管理改革，2016（10）.

制，与其他治理机制之间形成的互补与替代关系①，行业协会商会作为企业联合体，其自身所具有的经济和社会"两栖性"及其在规范市场、促进经济发展、团结企业家、促进业内融合等方面的作用②；在社会治理领域，探讨行业协会商会在共建共治共享社会治理新格局中的主体作用③，及行业协会商会参与环境治理、安全生产、劳资关系、社会公益事业与新冠疫情下推进企业复工复产等社会治理领域中的作用④。但既有研究尚未从一个整合的角度对行业协会商会参与国家治理体系现代化建设进行系统的研究，这是本项目的切入点。

国外对行业协会商会参与国家治理研究，与本项目相关的主要涉及两个方面：一是国家体制对行业协会商会公共政策参与的影响；二是全球化对欧洲法团主义国家行业协会商会参与国家治理的影响。就国家体制对行业协会商会公共政策参与的影响来说，研究者认为多元社会中的行业协会商会在公共政策过程中的作用主要是游说政府，而法团主义国家的行业协会商会则深度参与公共政策过程，承担"私益政府"职能，即由行业协会商会承担原来由政府承担的准公共职能⑤。法团主义国家的一些行业协会商会被赋予公法

① Streeck W. , Schmitter P. C. Community, Market, State-and Associations? The Prospective Contribution of Interest Governance to Social Order [J]. European Sociological Review, 1985, 1 (2): 119 – 138.

② 郁建兴，周俊，张建民. 全面深化改革时代的行业协会商会发展 [M]. 北京：高等教育出版社，2014：120.

③ 沈永东，应新安. 行业协会商会参与社会治理的多元路径分析 [J]. 治理研究，2020 (1)；郁建兴. 社会治理共同体及其建设路径 [J]. 公共管理评论，2019 (1).

④ 张建民，何宾. 行业协会提升自愿性环境治理绩效的理论框架与国际实践 [J]. 治理研究，2021 (1)；李立国. 创新社会治理体制 [J]. 求是，2013 (24)；沈永东，应新安. 行业协会商会参与社会治理的多元路径分析 [J]. 治理研究，2020 (1)；徐家良，于爱国. 现代企业劳资纠纷调解机制研究——以温岭羊毛衫行业为例 [J]. 华中师范大学学报（人文社会科学版），2010 (2)；赵立波. 行业协会商会：公益服务的替代抑或优先机制——以青岛为例的实证考察 [J]. 北京行政学院学报，2015 (6)；Chen Y. , Yu J. , Shen Y. , et al. Coproducing Responses to COVID – 19 with Community-Based Organizations: Lessons from Zhejiang Province, China [J]. Public Administration Review, 2020：866 – 873；郁建兴，吴昊岱，沈永东. 在公共危机治理中反思行业协会商会作用——会员逻辑、影响逻辑与公共逻辑的多重视角分析 [J]. 上海行政学院学报，2020 (6).

⑤ Coleman W. D. Business and Politics: A Study of Collective Action [M]. Kingston：McGill-Queens University Press, 1988：55；Garrity M. , Picard L. A. Organized Interests, the State, and the Public Policy Process: An Assessment of Jamaican Business Associations [J]. The Journal of Developing Areas, 1991 (25): 369 – 394.

地位，以"管制下的自律"形式使特殊利益服务于一般利益①。研究者认为，国家体制上的差异导致了参政职能定位的不同。在以多元主义为代表的弱国家中，行业协会商会主要进行政策倡导；而在以法团主义为代表的强国家中它们作为"私益政府"被赋予公共政策制定和实施中的正式角色②。

就全球化对欧洲法团主义国家行业协会商会参与国家治理的影响来说，研究者认为全球化导致少数大型跨国企业的崛起及跨国企业在所有权上的国际性，这使行业协会商会协调会员利益及控制会员行为的能力大幅削弱；同时欧洲一体化及欧盟的诞生形成了多层及多国治理格局，法团主义式的"私益政府"无法在欧盟层面找到生根发芽的土壤③。法团主义国家的行业协会商会开始转型，更多地为会员利益代言，更为直接地服务于会员的需求④。

总体而言，国内学者对中华人民共和国成立以来我国国家治理体系建构的历史演变、我国国家治理体系现代化的概念及理论以及社会组织（包括行业协会商会）参与国家治理体系现代化建设的意义及路径等进行了富有启发性的研究，党中央的相关文件阐明了我国推进国家治理体系现代化建设的意义，并制定了建设目标及实施战略，这为本研究提供了理论资源及方向性指引。相关的学术研究为本研究提供了重要的思路，但既有研究存在的主要不足是尚未从整体的角度对行业协会商会参与我国治理体系现代化建设的主要维度提出系统的分析框架，也缺乏行业协会商会在全面深化改革时期参与我国治理体系现代化建设的实证研究。这两个方面是本书的研究重点，尤其是行业协会商会参与国家治理体系现代化建设的四个重要维度的理论和实证分析。国外学者关于行业协会商会参与国家治理的相关研究，特别是国家体制

① Streeck W. , Schmitter P. C. Community, Market, State-and Associations? The Prospective Contribution of Interest Governance to Social Order [J]. European Sociological Review, 1985, 1 (2): 119 – 138.

② Bell S. Between the Market and the State: The Role of Australian Business Associations in Public Policy [J]. Comparative Politics, 1995, 28 (1): 25 – 53.

③ Dür A. , Mateo G. Gaining Access or Going Public? Interest Group Strategies in Five European Countries [J]. European Journal of Political Research, 2013, 52 (5): 660 – 686; Gugerty M. The Effectiveness of NGO Self-Regulation [J]. Public Administration and Development, 2008 (28): 105 – 118.

④ Streeck W. , Visser J. Organized Business Facing Internationalization//Streeck W. , Grote J. , Schneider V. , et al. Governing Interests: Business Associations Facing Internationalism [M]. New York: Routledge, 2006: 264 – 265.

对行业协会商会职能定位的影响研究，对于我国行业协会商会参与国家治理体系现代化建设研究也具有重要的借鉴意义，但毕竟"国家治理体系现代化"概念是我国坚持和完善中国特色社会主义制度语境下的理论创新，国外理论需作本土化思考和调整。

三、本书的主要研究内容与研究方法

（一）本书的主要研究内容

本书以十九届四中全会《决定》为指引，以行业协会商会党建工作对行业协会商会参与国家治理体系现代化的作用、行业协会商会参与政会关系转型、行业协会商会参与市场治理及社会治理为四个主要维度，通过理论分析及实证研究探究行业协会商会在我国国家治理体系现代化建设中的作用并提出相关政策建议。

我国当代行业协会商会兴起和发展于改革开放之后，其主要职能随我国经济社会政治体制转型的不断深化而发生演变。行业协会商会自改革开放后持续参与政府职能转变的改革，开展市场治理，促进行业有序发展，并在社会治理中发挥重要作用。当前中央提出的国家治理体系现代化建设赋予了作为社会组织重要一类的行业协会商会更重要的职能，其有效发挥作用是治理体系现代化建设中不可或缺的一环。

按其起源，行业协会商会可分为体制内生成和体制外生成两类。改革开放后，我国最先设立的行业协会商会起因于政府调整其与市场关系及相应的经济管理职能转变和政府机构改革①。当时，政府经济管理体制改革的切入点是由原先高度集权的"部门管理体制"向"行业管理体制"转变，并进行相应的政府机构改革和职能转变。政府通过行政手段设立了一些行业协会商会，如中国轻工总会、中国纺织总会、中国钢铁工业协会和中国石油和化

---

① 余晖，等. 行业协会及其在中国的发展：理论与案例 [M]. 北京：经济管理出版社，2002；贾西津，沈恒超，等. 转型时期的行业协会：角色、功能与管理体制 [M]. 北京：社会科学文献出版社，2004.

学工业协会等。这些体制内自上而下形成的行业协会商会的初始职能主要是承接政府的行业管理职能，其会员主要是原政府机构系统内的国有企业。行业协会商会的治理结构由政府主导，行业协会商会领导由政府主管部门任命，工作人员大多由政府机构改革分流人员充当。

随着市场经济的兴起，一些民营经济发达的地区开始出现体制外生成的行业协会商会。民营企业组织设立行业协会商会的主要动力是遏制因市场经济法治建设相对滞后而造成的行业内无序竞争、假冒伪劣产品盛行的现象。温州是我国民营经济的一个重要发源地，20世纪90年代，为维护市场经济秩序，民营企业自发或在地方政府部门引导下成立了一批具有较强自治性的行业协会商会。这些行业协会商会的最初职能是维护行业竞争秩序，促进行业健康发展，有效地促进了当时我国的市场经济发展。

在最初形成期，这两类行业协会商会在生成方式、治理结构和主要职能定位上存在很大差异。但后续发展中，在政府相关政策和行业协会商会管理体制的引导和制约下，其在职能定位和作用发挥上逐步趋同。体制内形成的行业协会商会在发挥其行业管理职能的同时，开始注重会员服务和会员利益协调和代表职能；体制外形成的行业协会商会在遏制恶性竞争职能初见成效后，开始拓展其会员服务和利益协调和代表职能，并开始承接政府转移的部分职能。国务院办公厅发布的《关于加快推进行业协会商会改革和发展的若干意见》阐述了协会的四大方面的职能：一是充分发挥桥梁和纽带作用；二是加强行业自律；三是切实履行好服务企业的宗旨；四是积极帮助企业开拓国际市场。中央和地方政府在界定行业协会商会职能时都侧重其准公共职能，它们通常被赋予参与产业政策、行业标准和行业发展规划制定、规范公平竞争的市场秩序和建设行业公共服务平台等职能。

行业协会商会在促进我国政治、经济和社会发展中发挥了积极作用。首先，行业协会商会的发展为政府经济管理职能转变和相应的行政机关改革的顺利进行奠定了基础。行业协会商会作为市场经济中的一种治理机制，在服务会员的同时，也开展行业自律和行业治理活动，承接政府转移的部分行业管理职能，使政府在市场经济中的职能转变和机构改革成为可能。其次，从推进行业和经济发展的角度看，行业协会商会被政府赋予了大量事关行业发展的准公共职能，使其在一定程度上发挥了行业治理的作用。这些职能包括参与产业政策、行业标准和行业发展规划制定、规范公平竞争的市场秩序和建设行业公共服务平台等。这些职能的有效发挥有助于行业和经济发展。最后，从政府与社会关系转型的角度看，行业协会商会作为一种社会组织，在一定程度上被赋予了公共政策参与和地方治理职能，与地方政府之间建立起良性互动、相互依赖关系，在社会治理中发挥重要作用①。

十九届四中全会《决定》赋予了行业协会商会等社会组织在推进国家治理体系现代化建设中新的职能定位，要求"发挥群团组织、社会组织作用，发挥行业协会商会自律功能，实现政府治理和社会调节、居民自治良性互动，夯实基层社会治理基础"②，这是改革开放后国家赋予行业协会商会的职能的延续和深化，要求行业协会商会在党的领导下，在政府治理、市场治理和社会治理等领域发挥积极作用，推进国家治理体系现代化建设。

国家治理体系是"在党领导下管理国家的制度体系，包括经济、政治、文化、社会、生态文明和党的建设等各领域体制机制、法律法规安排，也就是一整套紧密相连、相互协调的国家制度"③。推进国家治理体系现代化的前提和实质就是不断完善与发展中国特色社会主义制度④。十九届四中全会《决定》指出："中国特色社会主义制度是党和人民在长期实践探索中形成的科学制度体系，我国国家治理一切工作和活动都依照中国特色社会主义制度展开，我国国家治理体系和治理能力是中国特色社会主义制度及其执行能力的集中体现。"⑤ 由此可见，国家治理体系现代化的主要衡量标准是中国特色社会主义制度的完善程度。

---

① 郁建兴，周俊，张建民. 全面深化改革时代的行业协会商会发展［M］. 北京：高等教育出版社，2014.

② 中共中央关于坚持和完善中国特色社会主义制度 推进国家治理体系和治理能力现代化若干重大问题的决定［M］. 北京：人民出版社，2019：30.

③ 习近平. 切实把思想统一到党的十八届三中全会精神上来//中共中央文献研究室. 十八大以来重要文献选编（上）［M］. 北京：中央文献出版社，2014：548.

④ 包心鉴. 全面深化改革，推进国家治理现代化——从邓小平改革思想到习近平全面深化改革重要论述［J］. 科学社会主义，2014（4）.

⑤ 中共中央关于坚持和完善中国特色社会主义制度 推进国家治理体系和治理能力现代化若干重大问题的决定［M］. 北京：人民出版社，2019：1，2.

　　本书从党建对行业协会商会参与国家治理体系现代化的作用、行业协会商会在政会关系重构、在市场治理和社会治理中的作用四个方面研究行业协会商会在国家治理体系现代化建设中的作用。确定这些研究内容为本书的聚焦点是基于我国治理理论研究成果、行业协会商会研究成果及十九届四中全会《决定》提出的党全面领导国家治理体系现代化建设的指导原则。十九届四中全会《决定》指出"坚持和完善中国特色社会主义制度、推进国家治理体系和治理能力现代化，是全党的一项重大战略任务。必须在党中央集中统一领导下进行，科学谋划、精心组织，远近结合、整体推进，确保本次全会所确定的各项目标任务全面落实到位"①。因此，研究党建对行业协会商会参与国家治理体系现代化的作用成为本项研究的一个核心内容，并基于研究提出党建促进行业协会商会参与国家治理体系现代化建设的一个包含五个机制的创新分析框架：政治引领机制、价值引导机制、资源激励机制、治理支持机制和运行监督机制。在这五个机制的作用下，党建激发行业协会商会参与治理的内生动力、提升行业协会商会参与治理的合法性、引领行业协会商会治理正确方向并且助推行业协会商会组织能力提升，确保其在政府治理、市场治理和社会治理中有效发挥作用。因此，这是本项研究四个组成部分的基础，在逻辑结构上处于顶层位置。此外，既有治理研究成果表明，国家治理体系是"规范社会权力运行和维护公共秩序的一系列制度和程序。它包括规范行政行为、市场行为和社会行为的一系列制度和程序，政府治理、市场治理和社会治理是现代国家治理体系中三个最重要的次级体系"②。同时，既有行业协会商会研究成果表明，基于行业协会商会介入政府和市场之间的组织属性和比较优势，其发挥作用的主要领域为市场与行业治理、社会治理及公共政策参与。因此，本项研究的重点除了关注在行业协会商会加强党的领导对行业协会商会参与国家治理体系现代化的作用之外，还聚焦行业协会商会参与政府转型、参与市场治理和社会治理这三个核心领域（见图 1 - 1）。

---

　　① 中共中央关于坚持和完善中国特色社会主义制度 推进国家治理体系和治理能力现代化若干重大问题的决定 [M]. 北京：人民出版社，2019：42.
　　② 俞可平. 推进国家治理体系和治理能力现代化 [J]. 前线，2014 (1).

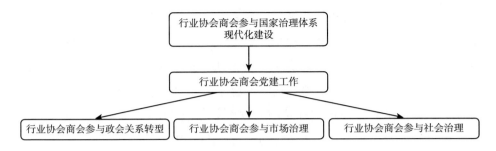

图 1-1 本书研究内容的逻辑关系

1. 党建对行业协会商会参与国家治理体系现代化的作用。行业协会商会要在国家治理体系现代化建设中有效发挥作用，坚持党的领导是根本。随着国家治理体系和治理能力现代化任务的提出和推进，行业协会商会等社会组织党建不仅被纳入国家党建工作总体布局，而且被纳入国家治理体系和治理能力现代化的战略部署，行业协会商会等社会组织党建已成为推进国家治理体系现代化的重要抓手。基于此，本部分以行业协会商会党建工作对行业协会商会参与国家治理体系现代化建设的作用作为研究主题。本部分主要探讨党建对行业协会商会参与国家治理体系现代化建设所发挥的作用以及为了促进党建更有效引领行业协会商会参与国家治理体系现代化，提出加强行业协会商会党建工作的建议。在文献回顾的基础上，本部分首先探讨党建对行业协会商会参与国家治理体系现代化建设发挥作用的实现机制以及党建对行业协会商会参与国家治理体系现代化所发挥的实际作用并尝试分析实现机制与实际作用之间的关系。然后，在分析当前行业协会商会党建存在的问题的基础上，尝试提出加强行业协会商会党建工作的建议。

2. 国家治理体系现代化视角下行业协会商会在政会关系重构中的作用。政府与社会组织关系的重塑是国家治理体系现代化建设的重要组成部分。行业协会商会是一类重要的社会组织。政府与行业协会商会关系的重塑是政府与社会组织关系重塑的重要组成部分。脱钩改革是政会关系的一次深刻调整，本部分以脱钩改革后 S 市 A 区行业协会商会为研究对象，探讨国家治理体系现代化视角下行业协会商会在政会关系重构中的作用。具体的研究内容分为两方面。一方面是构建新型政会关系中行业协会商会组织转型的过程模型。主要是采用扎根理论方法，以 S 市 A 区行业协会商会为研究对象，分析行业协会商会在政会脱钩的背景下，为适应新型政会关系开展组织转型的主要阶段、动因、举措和结果，并尝试建立行业协会商会组织转型的过程模型。另一方面是探讨新型政会关系中行业协会商会组织转型的模式与挑战。该研究基于资源依赖理论，对脱钩改革后 S 市 A 区行业协会商会转型发展的三种模式进行研究并分析三种转型发展模式中行业协会商会存在的共同问题，最后尝试对行业协会商会的成功转型提出建议。

3. 国家治理体系现代化视角下行业协会商会在市场治理中的作用。政府与市场关系的重塑是国家治理体系现代化建设的重要组成部分。行业协会商会在市场治理中发挥不可替代的作用。本部分从两个方面开展研究。一方面是以长三角案例为研究对象探讨行业协会商会在区域经济一体化发展中的作用。首先分析区域经济一体化中行业协会商会作用的理论定位，其次以长三角案例为研究对象讨论行业协会商会的现实作用以及行业协会商会发挥作用的资源依托与限制性因素，在此基础上提出进一步发挥行业协会商会作用的路径。另一方面是探讨行业协会商会在国家创新体系中的地位和作用。首先基于国外典型案例，总结行业协会商会的创新功能，其次分析行业协会商会促进技术创新的动机、影响因素和运作机制，最后提出促进我国行业协会商会在国家创新体系中有效发挥作用的建议。

4. 国家治理体系现代化视角下行业协会商会在社会治理中的作用。政府与社会关系的重塑是国家治理体系现代化建设的重要组成部分。行业协会商会在社会治理中将扮演更加多元化的角色，从而为政府与社会关系的重塑发挥重要作用。在社会治理领域中，环境治理、安全生产管理、劳资关系协调、社会公益事业与公共危机治理等是行业协会商会发挥作用的重要领域①。

① 张建民，何宾. 行业协会提升自愿性环境治理绩效的理论框架与国际实践 [J]. 治理研究，2021 (1)；李立国. 创新社会治理体制 [J]. 求是，2013 (24)；沈永东，应新安. 行业协会商会参与社会治理的多元路径分析 [J]. 治理研究，2020 (1)；徐家良，于爱国. 现代企业劳资纠纷调解机制研究——以温岭羊毛衫行业为例 [J]. 华中师范大学学报（人文社会科学版），2010 (2)；赵立波. 行业协会商会：公益服务的替代抑或优先机制——以青岛为例的实证考察 [J]. 北京行政学院学报，2015 (6)；Chen Y., Yu J., Shen Y., et al. Coproducing Responses to COVID - 19 with Community-Based Organizations: Lessons from Zhejiang Province [J]. China. Public Administration Review，2020：866 - 873；郁建兴，吴昊岱，沈永东. 在公共危机治理中反思行业协会商会作用——会员逻辑、影响逻辑与公共逻辑的多重视角分析 [J]. 上海行政学院学报，2020 (6).

本部分以行业协会商会参与环境治理作为其在国家治理体系现代化建设中发挥社会治理创新作用的研究内容，探讨行业协会商会在环境治理中的作用及其相对于政府与企业的优势。主要基于温州的案例，研究行业协会商会在收集行业污染信息、创新治理工艺、污染规模化处理和制定环保标准方面的比较优势以及推进行业协会商会有效参与环境治理所需要的条件。

（二）本书的主要研究方法

根据本书的研究背景、选题意义以及理论目标，本书进一步明确了研究路径与方法，具体如下：

首先，通过深度访谈和参与式观察搜集实践数据，全面收集行业协会商会在全面深化改革时代转变自身职能、推进市场体系建设的基础数据和典型案例。在浙江省、上海市、江苏省等地对行业协会商会负责人、相关会员企业负责人和相关政府部门负责人进行深度访谈与跟踪访谈，并派研究人员进驻代表性行业协会商会参与座谈会与培训会等，开展参与式观察研究。此外，由于二手数据在时间跨度与样本量上相对一手数据具有优越性，并且通常具有更高的可靠性与可复制性[①]，本项研究中对媒体报道、内部刊物、协会章程、活动记录等数据、资料也进行了广泛收集。在对收集到的数据资料进行汇总整理之后，初步推断影响行业协会商会参与国家治理体系现代化建设的要素及其相互间关系，形成理论假设，构建理论逻辑。在此基础上，进一步明确后续案例分析的理论方向与研究领域。

其次，本书对从实地调查中发现的具有理论解释力的案例进行深度研究，并在理论逻辑与案例事实的迭代互动中调整和完善理论。案例研究法是理论发展与知识积累中的重要研究方法[②]，但由于缺乏概推性，即源于一个

---

① 周长辉. 二手数据在组织管理学研究中的使用//陈晓萍，徐淑英，樊景立. 组织与管理研究的实证方法 [M]. 北京：北京大学出版社，2008：178 – 198.

② Bailey M. T. Do Physicists Use Case Studies? Thoughts on Public Administration Research [J]. Public Administration Review, 1992, 52 (1)：47 – 54；Thayer F. A Research Police Force? [J]. Public Administration Review, 1998, 58 (6)：547 – 548.

或多个案例的研究结论缺乏普遍意义，其科学性常遭到质疑①。缺乏概推性的难题"就像一团乌云永久地盘旋于每一项案例研究之上"②。由于本书主要目的不是仅仅探究一个或几个案例自身的特定性，而是要在对个体进行深入研究的基础上，对更广泛的总体所具有的一般特征进行推断，因此，案例研究的结论是否具有概推性对本书就构成一个重要挑战。为应对这一挑战，本书基于每一项子问题的研究目标，根据案例的典型性、前沿性、总体性、关键性、极端性、异常性等特征，对应遴选恰当的典型案例、前沿案例、最容易通过检验案例与最难以通过检验案例等案例资料，以拓展案例研究结论的适用范围，提升理论所具有的普遍意义，并对案例研究结论的可适用范围进行恰当的分析与界定。基于案例研究的方法，本书依据行业协会商会形成路径、主要领导身份、经费来源、执行能力、经营能力等特征，选择同类型中具有较强类型特征的行业协会商会分别作为合作型、主导型与服务型行业协会商会的代表，对脱钩后行业协会商会转型发展的基本模式与面临的挑战等进行研究，探索政会关系转型后行业协会商会转型发展的现实路径；基于长三角一体化案例，研究行业协会商会在区域经济一体化中发挥的作用及其实现方式、资源依托与限制性因素，并基于国外典型案例，研究行业协会商会在国家创新体系中的作用、影响因素及运行机制，在此基础上，探索行业协会商会在市场治理体系中的作用及其优化路径；基于行业协会商会参与环境治理的前沿案例，构建行业协会商会参与环境治理的理论框架，论证行业协会商会在社会治理体系中的地位与作用。

最后，由于缺乏成熟的概念、理论、模型对国家治理体系现代化进程中行业协会商会的组织转型进行解释，本书需要在概念提炼、路径分析等的基础之上对论题研究作进一步延伸。作为一种自下而上建构理论的过程，扎根

---

① 张建民，何宾. 案例研究概推性的理论逻辑与评价体系——基于公共管理案例研究样本论文的实证分析 [J]. 公共管理学报，2011（2）.

② Snow D. A., Anderson L. Researching the Homeless: The Characteristic Features and Virtues of the Case Study//Feagin J. R., Orum A. M., Sjoberg G. A Case for the Case Study [M]. Chapel Hill and London: The University of North Carolina Press, 1991: 148 – 173.

理论最早由格拉泽（Glaser）和施特劳斯（Strauss）两位学者于 1967 年提出①，基本宗旨是在经验资料的基础上形成新的概念或思想，比较适用于现有理论体系不完善、难以有效解释实践现象的领域②。鉴于此，本书还基于扎根理论方法，利用质性分析软件，分析行业协会商会为适应国家治理体系现代化进程中新型政会关系、政企关系开展组织转型的动因、路径、举措和结果，并尝试建立行业协会商会组织转型的过程模型。由于类属饱和的条件是收集的资料数据不再能产生新的理论见解，也不再能揭示核心理论类属新的属性③，所以预留 1/3 的访谈资料用于理论模型的饱和度检验，即按照开放性编码、主轴编码和选择性编码再次进行分析，在所得结果与之前形成的结论基本一致，且没有新的范畴和概念产生的基础上，确认所建立理论模型达到基本饱和。

四、本书的主要研究成果

本书研究的一个主要目标是从党建对行业协会商会参与国家治理体系现代化的作用，国家治理体系现代化视角下行业协会商会在政会关系重构中的作用，国家治理体系现代化视角下行业协会商会在市场治理和社会治理中的作用四个方面对行业协会商会在参与国家治理体系现代化建设中的作用进行理论分析和实证研究。下面从这四个方面概括本书的学术成果。此外，另一个重要研究目标是在理论和实证检验的基础上提出充分发挥行业协会商会在国家治理体系现代化建设中的积极作用的政策建议。本书的应用价值也从这四个方面概括。

（一）本书的主要学术成果

本书的主要学术价值是系统研究了行业协会商会参与国家治理体系现代

---

① Glaser B., Strauss A. L. The Discovery of Grounded Theory [J]. Strategies for Qualitative Research, 1968, 17 (4): 377 - 380.

② 李志刚. 扎根理论方法在科学研究中的运用分析 [J]. 东方论坛, 2007 (4).

③ 凯西·卡麦兹. 建构扎根理论 [M]. 重庆: 重庆大学出版社, 2009: 144.

化建设的四个相互关联、相辅相成的维度。维度之一是党建对行业协会商会参与国家治理体系现代化的作用。这是行业协会商会有效参与国家治理体系现代化建设的基础。其余三个维度分别为行业协会商会参与政府治理、市场治理和社会治理。本书的一个重要学术思想创新是在整合既有研究成果的基础上，提出行业协会商会参与国家治理体系现代化建设的"四维度"分析框架，即行业协会商会以党建引领为基础，以参与国家治理体系中政府治理、社会治理和市场治理为主线，以充分发挥其在国家治理体系现代化建设中的作用。本书的学术成果主要体现在这四个方面。

1. 党建对行业协会商会参与国家治理体系现代化的作用研究成果。对行业协会商会党建的研究发现，党建对行业协会商会参与国家治理体系现代化发挥作用的机制包括前置机制和实现机制。前置机制是党组织和党的工作的有效覆盖，实现机制则包括政治引领机制、价值引导机制、资源激励机制、治理支持机制和运行监督机制。在行业协会商会参与国家治理体系现代化过程中，党建通过政治引领机制、价值引导机制、资源激励机制、治理支持机制和运行监督机制激发行业协会商会参与治理的内生动力、提升行业协会商会参与治理的合法性、引领行业协会商会治理正确方向并助推行业协会商会组织能力提升，从而促进行业协会商会治理能力的提升，使其在政会合作、参与市场治理与社会治理中更好地发挥作用，从而提升行业协会商会在参与国家治理体系现代化进程中的治理绩效和竞争实力。目前行业协会商会党建存在如下问题：行业协会商会存在对党建的重要性认识不到位的现象；一些行业协会商会党建工作问题较突出；部分行业协会商会党组织难以发挥战斗堡垒作用以及后双重管理体制时代行业协会商会党建管理体制不健全。这些问题影响了行业协会商会党组织政治核心作用的发挥，也影响了行业协会商会在国家治理体系现代化建设中作用的有效发挥。

2. 国家治理体系现代化视角下行业协会商会在政会关系重构中的作用研究成果。对新型政会关系中行业协会商会组织转型的过程模型的研究发现，行业协会商会组织转型大多经历"危机意识—厘清思路—建立指导团—制定规划—执行规定—转型举措制度化"六个阶段；基本动因包括脱钩改革带来的政策变化和资源困境；为实现组织转型，行业协会商会采取了制定发展计划、进行财务审查、咨询外部专家等"组织理性化"举措；行业协会商会组织转型的结果体现在结构规范、制度完备、人员专业、服务精细四个方面。本研究的理论贡献主要是揭示了行业协会商会组织转型主要是政会关系变化带来转型需要。正因为如此，脱钩改革前与政府处于不同关系形态的行业协会商会对组织转型的需求不尽相同，转型过程和结果也呈现差异。

对新型政会关系中行业协会商会组织转型的模式与挑战的研究发现，合作型、服务型和主导型行业协会商会分别选择了与政府合作、服务会员和混合型的发展模式。三种转型发展模式中的行业协会商会都存在职能空间有限、市场竞争压力大、与政府的合作缺乏稳定性和持续性等问题。

3. 国家治理体系现代化视角下行业协会商会在市场治理中的作用研究成果。对行业协会商会在区域经济一体化发展中的作用的研究发现，行业协会商会已经在提供区域信息服务、促进区域交流与沟通、搭建区域服务平台等方面发挥作用，但仍存在区域性行业代表、协调、自律功能欠缺，服务功能的广度和深度不足等问题。案例分析表明，行业协会商会作用的发挥与其所处行业特征、自身组织治理的完备程度和政府的支持力度有一定关联性，而问题的形成则与行业协会商会自身的生成和发展路径、职能空间大小和外部制度环境相关。

对基于国外典型案例分析的行业协会商会在国家创新体系中的地位和作用的研究发现，行业协会商会在国家创新体系中扮演着公共机构的角色，对技术创新发挥着引领和推动、组织和协调，以及支持创新基础设施建设等重要促进作用，其中有些作用是其他社团组织无法替代的。行业协会商会参与创新活动的动机源于工商业界人士创建、加入行业协会商会的初始目的和追求。通过建立创新成本分摊和成果共享机制，行业协会商会的创新活动可以超越利益集团的局限性，为全社会的知识增长作出贡献，并促进社会生产和服务效率的提高。行业协会商会参与创新的形式和效果受内外部多种因素的影响，其中政府的培育对充分发挥行业协会商会在国家创新体系中应有的作用具有关键意义。

4. 国家治理体系现代化视角下行业协会商会在社会治理中的作用研究成

果。对行业协会商会参与自愿性环境治理的研究发现，行业协会商会在收集行业污染信息、创新治理工艺、污染规模化处理和制定行业环保标准等方面比环保部门和个体企业更具优势，治理效果更好，有效弥补了政府和个体企业的不足；在参与自愿性环境治理过程中，行业协会商会使环境治理的集体行动成为可能，从而使政府与行业、行业与公众以及企业与企业在一定程度上实现诉求的一致和利益的均衡。行业协会商会参与自愿性环境治理的关键因素是地方政府的制度创新与行业协会商会治理能力的提升。

（二）本书的主要应用价值与政策建议

本书在对党建对行业协会商会参与国家治理体系现代化的作用、国家治理体系现代化视角下行业协会商会在政会关系重构中的作用、国家治理体系现代化视角下行业协会商会在市场治理中的作用，以及国家治理体系现代化视角下行业协会商会在社会治理中的作用四个方面进行理论分析、实证检验以及与行业协会商会、政府相关部门实务人士广泛探讨的基础之上，提出四个方面的政策建议。

1. 发挥党建对行业协会商会参与国家治理体系现代化的作用的政策建议。要使党建更好地引领行业协会商会在国家治理体系现代化进程中发挥作用，一方面，必须要坚持和强化党的领导；坚持党的领导和行业协会商会依法自治有机统一；应对挑战，把握变化，赋权赋能，帮助行业协会商会更好参与国家治理，同时在当下后双重管理体制时代应加强对行业协会商会的党建监管。另一方面，基于党建对行业协会商会参与国家治理体系现代化进程中发挥巨大作用的事实，行业协会商会应在后双重管理体制时代抓住加强党的建设的契机，积极主动开展党建，加强党会互动，拓展资源汲取渠道，加强自身能力建设，促进自身在参与国家治理体系现代化进程中发挥更大作用。

2. 国家治理体系现代化视角下行业协会商会发挥在政会关系重构中作用的政策建议。就新型政会关系中行业协会商会组织转型问题，一方面，行业协会商会能否抓住脱钩改革这一机遇，取决于行业协会商会能否及时有效地进行组织转型。行业协会商会需要通过咨询外部专家、制定组织计划、加强财务审计等方式，为组织转型开展积极的准备工作；在转型过程中，需要树立结果导向的理念。另一方面，行业协会商会普遍存在资源缺乏、能力不足等问题，并因此在组织转型上乏力，政府不应因脱钩而丧失培育扶持行业协会商会的职能。

在新型政会关系中行业协会商会组织转型的模式选择和应对挑战方面提出如下建议：第一，加快厘清政会职能边界和推进政府职能转移。第二，加大购买服务力度、完善购买服务机制。第三，完善政会沟通、合作机制。第四，加强对行业协会商会的政策引导。

3. 国家治理体系现代化视角下行业协会商会发挥在市场治理中作用的政策建议。就行业协会商会在区域经济一体化发展中发挥更大作用，提出行业协会商会需结合当前区域经济一体化中迫切需要解决的问题进行功能重构，政府则应进一步释放职能空间、优化政策环境。

就行业协会商会在国家创新体系中的作用，提出鉴于我国行业协会商会在国家创新体系中的作用尚有待开发的现实，建议各界加强相关研究，同时建议政府尽快将行业协会商会纳入国家创新体系，明确其主体地位和基本功能，并制定相应的激励政策。

4. 国家治理体系现代化视角下行业协会商会发挥在社会治理中作用的政策建议。作为政府与企业之间的桥梁和第三方治理主体，行业协会商会参与自愿性环境治理的关键在于行业协会商会能否获得政府与企业的支持。从政府与行业协会商会的关系来看，行业协会商会参与自愿性环境治理需要政府的制度创新与空间开放；从行业协会商会与行业企业的关系来看，企业是否支持行业协会商会实施自愿性环境治理取决于其治理能力。

为了促进行业协会商会在参与自愿性环境治理中发挥更大作用，一方面，建议政府进一步创新社会组织管理体制和实现政府职能转移，把能够由行业协会商会参与的环境治理事务，通过委托、购买服务等方式，交给行业协会商会。另一方面，行业协会商会需要通过完善内部治理机制来提升行业协会商会的自主治理能力和行业代表性，从而在环境治理中能够较好协调行业集体行动和推动行业技术创新。

| 第二章 |

党建对行业协会商会参与国家治理体系
现代化的作用

　　行业协会商会要在国家治理体系现代化建设中有效发挥作用，坚持党的领导是根本。中共中央办公厅、国务院办公厅印发的《关于改革社会组织管理制度促进社会组织健康有序发展的意见》要求包括行业协会商会在内的社会组织要"努力走出一条具有中国特色的社会组织发展之路"①。所谓"中国特色"，最重要的特色就是坚持和加强党对包括行业协会商会在内的社会组织的领导。党的十九届四中全会指出，"我国国家制度和国家治理体系具有多方面的显著优势"，主要优势就是："坚持党的集中统一领导，坚持党的科学理论，保持政治稳定，确保国家始终沿着社会主义方向前进的显著优势"②。所以，应做到"把党的领导落实到国家治理各领域各方面各环节"③，并且要"确保党在各种组织中发挥领导作用"④。行业协会商会作为推进国家治理体系现代化的重要组成部分，要在国家治理体系现代化建设中有效发挥作用，必须要发挥党的集中统一领导这个显著优势，因为，在包括行业协会商会在内的社会组织中加强党的领导，对于促

---

　　① 中共中央办公厅、国务院办公厅关于改革社会组织管理制度 促进社会组织健康有序发展的意见//吴刚. 社会组织支持型政策选编［M］. 北京：人民出版社，2017：8.
　　② 中共中央关于坚持和完善中国特色社会主义制度 推进国家治理体系和治理能力现代化若干重大问题的决定［M］. 北京：人民出版社，2019：5.
　　③ 中共中央关于坚持和完善中国特色社会主义制度 推进国家治理体系和治理能力现代化若干重大问题的决定［M］. 北京：人民出版社，2019：6.
　　④ 中共中央关于坚持和完善中国特色社会主义制度 推进国家治理体系和治理能力现代化若干重大问题的决定［M］. 北京：人民出版社，2019：7.

进包括行业协会商会在内的社会组织在国家治理体系和治理能力现代化进程中更好发挥作用，具有重要意义①。而要确保党在行业协会商会参与国家治理体系现代化过程中发挥领导作用，必须要加强行业协会商会党建工作。

2015 年，中共中央办公厅印发的《关于加强社会组织党的建设工作的意见（试行）》开启了行业协会商会党建强力推进的进程，该意见明确社会组织党组织是党在社会组织中的战斗堡垒，发挥政治核心作用，并要求本着应建尽建的原则实现党组织在全领域覆盖②。2016 年，民政部发布《关于社会组织成立登记时同步开展党建工作有关问题的通知》，提出社会组织成立登记时同步开展党建工作。2018 年，民政部下发通知，要求社会组织章程中增加党的建设和社会主义核心价值观有关内容。2019 年，国家发展改革委、民政部等十部门联合下发《关于全面推开行业协会商会与行政机关脱钩改革的实施意见》，要求深入推进脱钩行业协会商会党的建设，确保脱钩过程中党的工作不间断、党组织作用不削弱。2021 年，民政部印发《"十四五"社会组织发展规划》通知，要求在社会组织登记管理立法中进一步明确党建工作要求，加大社会组织党组织组建力度，做好发展党员工作，健全党组织有效参与决策管理的工作机制。行业协会商会的党建工作已全面推进。

随着国家治理体系和治理能力现代化任务的提出和推进，鉴于加强行业协会商会等社会组织党建工作，有利于行业协会商会等社会组织在国家治理体系和治理能力现代化进程中更好地发挥作用，因此党不仅将行业协会商会等社会组织党建纳入党建工作总体布局，而且将其纳入国家治理体系和治理能力现代化的战略部署③，行业协会商会等社会组织党建已成为推进国家治理体系现代化的重要抓手。基于此，本章以行业协会商会党建工作对行业协会商会参与国家治理体系现代化建设的作用作为研究主题。

---

①　中共中央办公厅关于加强社会组织党的建设工作的意见（试行）//吴刚. 社会组织支持型政策选编［M］. 北京：人民出版社，2017：87.

②　中共中央办公厅关于加强社会组织党的建设工作的意见（试行）//吴刚. 社会组织支持型政策选编［M］. 北京：人民出版社，2017：88.

③　褚松燕. 改革开放以来社会组织党建政策的演进及其逻辑［J］. 探索，2020（4）.

本章主要探讨党建对行业协会商会参与国家治理体系现代化建设所发挥的作用以及为了促进党建更有效引领行业协会商会参与国家治理体系现代化，提出加强行业协会商会党建工作的建议。在文献回顾的基础上，本章首先探讨党建对行业协会商会参与国家治理体系现代化建设发挥作用的实现机制以及党建对行业协会商会参与国家治理体系现代化所发挥的实际作用并尝试分析实现机制与实际作用之间的关系。其次，在分析当前行业协会商会党建存在的问题的基础上，尝试提出加强行业协会商会党建工作的建议。

第一节　文献回顾

既有研究认为党建对于包括行业协会商会在内的社会组织参与国家治理体系现代化的作用主要表现在以下四个方面。

一、引领社会组织发展的健康方向

其一，党和政府对社会组织党建工作有硬性指标考核要求，党建工作优秀的社会组织可获得更多政府资金和资源用于业务活动开展，并且在政府购买服务、公益创投等项目竞争中拥有更多机会[①]。这种政策引导社会组织积极进行党建工作，并按照党和政府希望的方向发展。其二，党组织引导社会组织了解党和国家的纲领、路线和政策，引导社会组织行为与党和国家的政策保持一致，保持社会组织的社会主义的发展方向[②]。其三，党组织通过组织社会组织学习国家领导人的讲话和参加地方党代会讨论等方式培养其政治

---

① 徐越倩，张倩. 社会组织党建与业务融合何以可能——基于动力—路径的分析 [J]. 北京行政学院学报，2019（6）；沈永东，虞志红. 社会组织党建动力机制问题：制度契合与资源拓展 [J]. 北京行政学院学报，2019（6）.

② 王杨. 结构功能主义视角下党组织嵌入社会组织的功能实现机制——对社会组织党建的个案研究 [J]. 社会主义研究，2017（2）.

意识和提高其政治敏锐性，使社会组织及时了解国家战略发展方向和把握地方政策动向和关注重点，从而有针对性地制定社会组织发展战略，明确组织发展的方向①。

二、提升社会组织内部治理能力

其一，党通过行动传递和服务传递的方式用自身的意识形态对社会组织进行政治引导和价值观念影响，通过发挥党员先锋模范作用来传递党的共同价值观念，在社会组织内部形成共同价值体系②。其二，党组织帮助社会组织健全财务制度、会计制度、考勤制度等内部管理制度，提升社会组织内部管理规范化③。其三，社会组织党建过程中，通过将党员述职、民主考评等党员管理的相关规章制度和要求运用于社会组织内部治理，提升了社会组织内部治理能力④。

三、促进政社合作

其一，提升社会组织的合法性。党组织通过社会组织党建将社会组织整合到党的组织结构内，有助于社会组织在现行制度环境下获取政治正当性⑤；另外，党和政府引导和吸引社会组织进入党委和政府的项目治理体系、在社会组织中选拔入党积极分子，将其纳入党的队伍以及在各社会组织中评选优秀党组织，从而使社会组织进入到主流、正规化的发展路径⑥。所以，在社会组织中开展党建工作，确立党的领导地位，标志着社会组织获得政治合法

---

① ④ 李健，郭薇. 资源依赖、政治嵌入与能力建设——理解社会组织党建的微观视角［J］. 探索，2017（5）.

② ③ 王杨. 结构功能主义视角下党组织嵌入社会组织的功能实现机制——对社会组织党建的个案研究［J］. 社会主义研究，2017（2）.

⑤ 沈永东，虞志红. 社会组织党建动力机制问题：制度契合与资源拓展［J］. 北京行政学院学报，2019（6）.

⑥ 葛亮. 制度环境与社会组织党建的动力机制研究——以Z市雪菜饼协会为个案［J］. 社会主义研究，2018（1）.

性，国家与社会组织之间摆脱基于传统对抗性互动产生的政治不信任关系，打下了与政府良性互动的政治基础①。其二，促进政社业务合作。在政社脱钩的背景下，社会组织党建为社会组织提供了政策倡导的新渠道。在社会组织党建过程中，党通过统合手段，赋予社会组织领导人以政治身份，从而增强其政治资本、扩展其社会网络②；社会组织中表现优秀的党员有更多的机会参与政府决策过程③；社会组织通过直接向上级党组织提交文件，与党组织面谈或会议发言，邀请党政领导参加社会组织民主恳谈会等形式反映诉求，并推动相关议题纳入政策议程，从而促成政社合作④。

四、推动社会组织参与社会治理创新

其一，在党与社会组织关系转变为"直接联系"后，社会组织通过党建的链接，增进了其与党政部门之间的关系，从而使社会组织在社会治理创新中承担了执行与落实的角色并不断推动基层社会治理创新⑤。其二，社会组织党建建立起社会组织之间、社会组织与驻区单位、企业之间以及社会组织与社区之间的横向连接，从而为社会组织参与社会治理提供横向连接的制度化平台⑥。

既有研究为我们探讨党建对行业协会商会参与国家治理体系现代化的作用及其作用实现机制提供了积极的参考。但既有研究存在如下问题：第一，既有研究只是零碎地描述党建对社会组织参与国家治理体系现代化的部分作用，既缺乏完整描述党建对社会组织参与国家治理体系现代化的作

①⑥ 宋道雷. 共生型国家社会关系：社会治理中的政社互动视角研究［J］. 马克思主义与现实，2018（3）.

② 李朔严. 政党统合的力量：党、政治资本与草根 NGO 的发展——基于 Z 省 H 市的多案例比较研究［J］. 社会，2018（1）.

③ 徐越倩，张倩. 社会组织党建与业务融合何以可能——基于动力—路径的分析［J］. 北京行政学院学报，2019（6）.

④ 李健，郭薇. 资源依赖、政治嵌入与能力建设——理解社会组织党建的微观视角［J］. 探索，2017（5）.

⑤ 沈永东，虞志红. 社会组织党建动力机制问题：制度契合与资源拓展［J］. 北京行政学院学报，2019（6）.

用的文献，更缺乏系统研究党建对行业协会商会参与国家治理体系现代化作用的文献。行业协会商会作为介于政府和企业之间的我国第一大类的社会组织，与其他社会组织"形同质异"：其民间性、自主性、合法性和覆盖面要高于其他的社会组织，也是与政府有强联系的社会组织，在参与国家治理体系现代化中发挥的作用更大，发挥作用的特点和范围也有别于其他社会组织。正如有学者所言，在我国，行业协会商会是得到优先发展、迄今发展最为充分的社会组织，它在我国经济社会治理中无疑扮演着重要角色①。因此，有必要系统研究党建对行业协会商会参与国家治理体系现代化的作用，以促进行业协会商会作用的更好发挥。第二，在考察党建对包括行业协会商会在内的社会组织参与国家治理体系现代化的作用时，既有研究的出发点和重点在政党和国家的"自我本位"，较少有研究探讨包括行业协会商会在内的社会组织党建的能动性对其参与国家治理体系现代化的作用，在实践中有不少行业协会商会积极主动参与党建，从而对其参与国家治理体系现代化起到积极作用。第三，既有研究对党建对行业协会商会参与国家治理体系现代化发挥作用的机制疏于分析。第四，既有研究对党建对行业协会商会参与国家治理体系现代化所产生的实际作用缺乏系统总结。

为弥补相关研究的缺乏，本章主要探讨党建对行业协会商会参与国家治理体系现代化建设发挥作用的实现机制以及党建对行业协会商会参与国家治理体系现代化所发挥的实际作用并尝试分析实现机制与实际作用之间的关系。然后，在分析当前行业协会商会党建工作存在的问题的基础上，尝试提出加强行业协会商会党建工作的建议。目前行业协会商会参与国家治理体系现代化的实践在各地行业协会商会党建工作中已经涌现出不少典型，所以，本书采用多案例对有关研究进行例证。

---

① 郁建兴. 全面深化改革时代行业协会商会研究的新议程 [J]. 行政论坛, 2014 (5).

第二节　党建引领行业协会商会参与国家
治理体系现代化的机制和作用

一、党建对行业协会商会参与国家治理体系现代化发挥作用的机制

党建对行业协会商会参与国家治理体系现代化发挥作用的机制包括前置机制和实现机制。前置机制是党组织和党的工作的有效覆盖，实现机制则包括政治引领机制、价值引导机制、资源激励机制、治理支持机制和运行监督机制。

（一）前置机制：党组织和党的工作的有效覆盖

在国家治理体系现代化过程中，党建对行业协会商会发挥作用的前置机制是党组织和党的工作的有效覆盖，这是确保党建对行业协会商会参与国家治理体系现代化发挥作用的基础。

后双重管理体制时代在行业协会商会加强党的领导的举措是党组织和党的工作有效覆盖的决定性因素。在国家治理体系现代化过程中，如何让行业协会商会在党的领导下更有效地参与治理日益受到重视。直接登记制度、行业协会商会与行政机关脱钩、允许"一业一地多会"政策实施之后，行业协会商会出现新的治理失灵，影响行业协会商会在参与国家治理体系现代化中作用的发挥。在后双重管理体制时代，政府行政权力在行业协会商会的退出给行业协会商会的监管带来困难，所以，在行业协会商会等社会组织中加强党的领导，这是"政退（政府行政权力退出社会组织）党进（党组织进入社会组织）"的必然选择①。

近年来，《关于加强社会组织党的建设工作的意见（试行）》《关于社会

---

① 李景鹏. 后全能主义时代：国家与社会合作共治的公共管理 ［J］. 中国行政管理，2011 （2）；宋世明. 深化党和国家机构改革，推进国家治理体系和治理能力现代化 ［J］. 行政管理改革，2018 （5）.

组织成立登记时同步开展党建工作有关问题的通知》等一系列文件的出台，加大了行业协会商会等社会组织党组织组建和开展工作力度。本着应建尽建的原则，实现了党组织在全领域的覆盖。党的建设写入行业协会商会章程，各级民政部门在行业协会商会登记、年检、评估等工作中同步推进党建工作的规定以及政府购买行业协会商会服务中的党建要求等，提高了党组织和党的工作覆盖的力度。行业协会商会党组织班子成员与管理层"双向进入、交叉任职"制度，党的领导与行业协会商会法人治理相融合，更是以制度和组织形式确保党组织以合法的身份、合理的途径参与行业协会商会的重要活动和重大事务决策并对行业协会商会实施监督。党组织嵌入行业协会商会并将党建工作融入行业协会商会运行和发展全过程。

行业协会商会党建的积极主动性则是党组织和党的工作有效覆盖的能动性因素。中国共产党在中国政治体系中的核心地位决定了党是行业协会商会生存和发展所需的合法性和资金、场地、政治资本，承接政府职能转移与政府购买服务等物质和非物质资源的重要提供者。国家治理体系现代化过程中，党和政府有赖于行业协会商会提供的治理资源，但是，党组织在与行业协会商会的互动中的主导地位决定了党组织与行业协会商会之间的依赖是一种非对称性依赖：行业协会商会对党组织的依赖明显大于党组织对行业协会商会的依赖。因此，行业协会商会以党建为纽带增进与党和政府的互动，进而获取行业协会商会发展所需多方面资源，也不断增强自身资源拓展能力，从而推动行业协会商会发展①。并且，为了从党和国家获取较多资源，其运行模式和行动逻辑都服从于党和国家的意志②。积极开展党建，就成为最明智的选择。

近年来，国家积极加强行业协会商会党建工作，落实党组织和党的工作在行业协会商会的覆盖，逐步健全党组织在行业协会商会参与决策管理的工作机制。行业协会商会也积极主动通过认知、业务、人员等方面的政治嵌入

---

① 李健，郭薇. 资源依赖、政治嵌入与能力建设——理解社会组织党建的微观视角 [J]. 探索，2017 (5)；沈永东，虞志红. 社会组织党建动力机制问题：制度契合与资源拓展 [J]. 北京行政学院学报，2019 (6).

② 陈天祥，郑佳斯，贾晶晶. 形塑社会：改革开放以来国家与社会关系的变迁逻辑——基于广东经验的考察 [J]. 学术研究，2017 (9).

加强党社互动①，接受党组织的领导和管理。党组织与行业协会商会的"双向奔赴"和积极互动促成党组织和党的工作的有效覆盖，这构成党建对行业协会商会参与国家治理体系现代化发挥作用的前置机制。

（二）实现机制：五个机制

党组织在行业协会商会参与国家治理体系现代化过程中能否产生作用以及在多大程度上发挥作用，确保党组织和党的工作有效覆盖只是基础条件。在国家治理体系现代化的过程中，行业协会商会党建的着力点在于引领行业协会商会的正确发展方向，激发行业协会商会活力，促进行业协会商会在国家治理体系和治理能力现代化进程中更好发挥作用②。按照规定，促进行业协会商会等社会组织的健康有序的发展，既要坚持党的领导，又要坚持改革创新，放管并重③，据此，在国家治理体系现代化过程中，党建对行业协会商会参与国家治理体系现代化的作用的实现机制包括政治引领机制、价值引导机制、资源激励机制、治理支持机制和运行监督机制。

1. 政治引领机制

（1）加强思想政治引领。党组织采用定期组织主题党日活动，落实"三会一课"、民主生活会和组织生活会，民主评议党员，组织党员观看党员教育视频以及参观革命教育基地等方式提高行业协会商会党员的党性和政治思想素质，使党员增强"四个意识"、坚定"四个自信"、做到"两个维护"。用习近平新时代中国特色社会主义思想武装党员头脑，发挥党员的先锋模范作用。积极发展行业协会商会中思想进步、业务过硬的优秀分子特别是负责人、管理层和业务骨干入党，着力提高行业协会商会负责人的政治素养。采取各种形式如公众号、网站、微博等，在行业协会商会和行业企业中积极宣

---

① 李健，郭薇. 资源依赖、政治嵌入与能力建设——理解社会组织党建的微观视角［J］. 探索，2017（5）.

② 中共中央办公厅关于加强社会组织党的建设工作的意见（试行）//吴刚. 社会组织支持型政策选编［M］. 北京：人民出版社，2017：87.

③ 中共中央办公厅、国务院办公厅关于改革社会组织管理制度 促进社会组织健康有序发展的意见//吴刚. 社会组织支持型政策选编［M］. 北京：人民出版社，2017：8.

传党和国家重要会议精神以及党和国家的路线、方针、政策，在行业协会商会中不断强化政治意识、大局意识、核心意识、看齐意识，提高行业协会商会的政治站位。

（2）贯彻执行党和国家的路线方针政策和决议。行业协会商会党组织贯彻执行党的路线方针政策，贯彻执行党中央、上级党组织和本组织的决议，确保行业协会商会不偏离社会主义方向。

2. 价值引导机制

（1）社会主义核心价值观的注入。社会主义核心价值观是凝聚社会共识的"最大公约数"。2018年，《民政部关于在社会组织章程增加党的建设和社会主义核心价值观有关内容的通知》要求各地民政部门在对包括行业协会商会在内的社会组织登记管理时，应及时要求包括行业协会商会在内的社会组织在章程中增加党的建设和社会主义核心价值观有关内容并对具体表述作出要求。社会主义核心价值观有关内容具体表述为："遵守宪法、法律、法规和国家政策，践行社会主义核心价值观，遵守社会道德风尚。"各行业协会商会党组织积极采取各种措施，引导和保证行业协会商会爱国敬业、遵纪守法，公平竞争，还积极引导和推动行业协会商会参与公益活动。

（2）先进文化建设。党组织引入和打造学习型组织，在行业协会商会营造学习氛围。关心关爱人才，主动帮助引导，不断提高从业人员的思想和业务素质，支持和保障各类人才干事创业①。党组织还开展丰富多彩的文化活动，在行业协会商会营造团结友爱、向上向善的文化氛围，特别是充分使用丰富的革命文化资源来进行文化建设，如组织参观革命旧址，举办革命事迹、革命精神宣传文化活动等。

3. 资源激励机制

（1）合法性资源。由于中国共产党在国家政治生活中的领导核心地位，在行业协会商会开展党建，本身就是行业协会商会政治地位提升的表现。党

---

① 中共中央办公厅关于加强社会组织党的建设工作的意见（试行）//吴刚. 社会组织支持型政策选编［M］. 北京：人民出版社，2017：88.

的位置在国家中构成了公权力的组成部分①，所以，党是行业协会商会合法性的最重要资源。按规定，提倡党员行业协会商会负责人担任党组织负责人，行业协会商会优秀党组织书记可被推荐为各级党代会代表、人大代表、政协委员人选，作为劳动模范等各类先进人物人选，这是行业协会商会合法性提升的重要表现；另外，各级党和政府授予行业协会商会的各种政治荣誉，如先进党组织、先进共产党员等，是行业协会商会被党和政府认可、信任的证明。

（2）政策参与资源。党组织本身对行业协会商会来说是激励或促进其政策参与的政治资源或桥梁。行业协会商会或会员企业可以通过书面或会议等形式直接向党组织表达行业诉求或政策主张，再由行业协会商会党组织向上一级党组织或有关政府部门反映或党组织参与统筹协调，从而推动有关问题纳入政策议程，影响政策过程。

行业协会商会党建为行业协会商会提供了更宽广畅通的政策参与的正式渠道。按照规定，要积极在行业协会商会负责人、管理层和业务骨干中培养和发展党员。行业协会商会党员管理层人员和党组织班子成员"双向进入、交叉任职"，行业协会商会党组织书记一般从行业协会商会内部产生，提倡党员行业协会商会负责人担任党组织负责人。行业协会商会优秀党组织书记被推荐为党代会代表、人大代表、政协委员以及劳动模范等各类先进人物人选的机会增加。这些政治身份和政治荣誉获得的机会增加为行业协会商会和私营企业主创设了表达利益诉求的更方便快捷的渠道，使其有更多的机会参与政策倡导。

4. 治理支持机制

（1）完善法人治理结构和治理机制。按照规定，加强党的领导和行业协会商会法人治理相融合。党组织通过"双向进入、交叉任职"嵌入到行业协会商会的内部运作中，参与行业协会商会决策管理，特别是重大问题决策，促成行业协会商会完善会员大会（会员代表大会）、理事会、秘书处、监事

---

① 景跃进. 将政党带进来——国家与社会关系范畴的反思与重构 [J]. 探索与争鸣，2019（8）.

会制度，进一步规范行业协会商会的议事规则、选举程序、监督机制，推动行业协会商会建立健全内部纠纷解决机制等。

（2）引导和支持行业协会商会参与市场治理和社会治理。党组织积极宣传国家战略部署和区域政策，特别是跟行业有关的国家战略和区域政策，引导行业协会商会积极响应国家战略部署和区域政策要求，与国家战略和区域政策同频共振。引导和支持行业协会商会参与行业标准、国家标准和国际标准的制定；鼓励行业协会商会参与相关立法、政府规划、公共政策的制定；引导和支持行业协会商会参与脱贫攻坚项目等。另外，党组织还为行业协会商会参与市场治理、社会治理提供各种服务。

5. 运行监督机制

（1）健全章程和各项管理制度。党组织帮助行业协会商会健全章程以及财务、人事、资产、档案、印章、证书、活动、分支机构和代表机构管理等各项内部管理制度。

（2）厉行监督。按照规定，行业协会商会党组织的一个基本职责是引导监督行业协会商会依法执业、诚信从业[1]。"双向进入、交叉任职"制度，党组织对行业协会商会的重要活动的参与权和重大事务决策权确保党组织能够对行业协会商会进行引导、监督和管理。行业协会商会党员负责人需定期向党组织汇报工作和思想动态，接受党组织监督。党组织对行业协会商会内部治理、重要事项决策、重要业务活动、大额经费开支、接收大额捐赠、开展对外交往活动等提出意见、参与决策，并进行事中事后监督和管理。党组织支持工会代表职工对行业协会商会贯彻执行有关法律法规和政策实施监督[2]。党组织与监事会协同监督，建立信息披露和重大决策责任追究制度。当发现行业协会商会存在违法违规现象时及时处理或向上一级党组织或有关部门汇报。

---

[1]　中共中央办公厅关于加强社会组织党的建设工作的意见（试行）//吴刚．社会组织支持型政策选编［M］．北京：人民出版社，2017：88．

[2]　中共中央办公厅、国务院办公厅关于改革社会组织管理制度 促进社会组织健康有序发展的意见//吴刚．社会组织支持型政策选编［M］．北京：人民出版社，2017：8．

二、党建对行业协会商会参与国家治理体系现代化的作用

在行业协会商会参与国家治理体系现代化过程中，党建通过政治引领机制、价值引导机制、资源激励机制、治理支持机制和运行监督机制激发行业协会商会参与治理的内生动力、提升行业协会商会参与治理的合法性、引领行业协会商会治理正确方向并助推行业协会商会组织能力提升，从而促进行业协会商会治理能力的提升，使其在政会合作、参与市场治理与社会治理中更好地发挥作用，从而提升行业协会商会在参与国家治理体系现代化进程中的治理绩效和竞争实力（见图 2 - 1）。

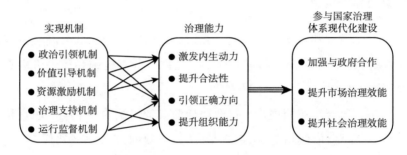

图 2 - 1　党建对行业协会商会参与国家治理体系现代化的作用

（一）党建对行业协会商会治理能力提升的作用

党建的政治引领机制、价值引导机制和资源激励机制激发行业协会商会参与治理的内生动力，党建的资源激励机制提升了行业协会商会参与治理的合法性，党建的政治引领机制、价值引导机制和运行监督机制引领行业协会商会治理正确方向，党建的治理支持机制和运行监督机制助推行业协会商会组织能力的提升，从而促进行业协会商会治理能力的提升。

1. 党建激发行业协会商会参与治理的内生动力。自党的十八届三中全会提出要激发社会组织活力以来，激发包括行业协会商会在内的社会组织活力一直是党和政府关注的问题。在国家治理体系现代化背景下，激发行业协会商会活力的一个关键条件是要激发其参与治理的内生动力。如果行业协会商

会在参与治理过程中具有强劲的内在推动力量，那么，行业协会商会治理效能将大大提高。相反，如果行业协会商会参与治理的内生动力偏弱，那么，行业协会商会治理效能将大打折扣。党建的政治引领机制、价值引导机制和资源激励机制有助于激发行业协会商会参与治理的内生动力。

通过党建的政治引领机制，对行业协会商会加强思想政治引领，可以提高行业协会商会的思想觉悟和政治站位，使行业协会商会充分认识到坚持和完善中国特色社会主义制度、推进国家治理体系和治理能力现代化的重大意义和总体要求以及行业协会商会在国家治理体系和治理能力现代化中的地位、定位、功能、作用和独特优势，自觉认识到行业协会商会是推进国家治理体系和治理能力现代化的重要主体，从而树立主动参与国家治理体系和治理能力现代化建设的高度政治自觉，增强推进国家治理体系和治理能力现代化的使命担当。

通过党建的价值引导机制，对行业协会商会注入社会主义核心价值观、加强和先进文化建设，可以促使行业协会商会明确认识到服务国家、服务社会、服务群众、服务行业，是自身的重要宗旨和使命，从而激发行业协会商会参与治理的责任感、自觉性、积极性和主动性，激发行业协会商会参与治理过程中的自动自发、自我完善的内在动力，并自觉地把自身的发展与国家治理体系和治理能力现代化事业相结合，在参与治理过程中制定符合党和国家需要、符合自身特点和能力的目标和任务。

通过党建的资源激励机制，行业协会商会在参与治理过程中获得了更多的合法性资源，表明行业协会商会进一步获得党和政府的认可和信任，政治地位大大提升；行业协会商会还获得了更多的政策参与资源，使行业协会商会政策参与的空间和平台更为广阔，特别是行业协会商会中党代会代表、人大代表、政协委员的比例提高，这些政治身份获得的机会增加使行业协会商会和企业有更多的机会、更方便快捷的渠道表达利益诉求，参与政策过程。总之，合法性资源和政策参与资源的提升使行业协会商会发挥作用的制度体系和政策环境更为完善，有利于其服务国家、服务社会、服务行业、服务群众的宗旨和使命更好地完成，更加彰显其作为国家治理体系和治理能力现代化生力军的作用，这进一步提高行业协会商会参与治理的责任感、荣誉感、自觉性和积极性，从而成为行业协会商会参与治理的内在推动力。

2. 党建提升行业协会商会参与治理的合法性。党建的资源激励机制提升了行业协会商会的政治合法性，从而进一步提升其行政合法性和社会合法性。

在中国的政治生活中，一个组织的政治合法性问题至关重要，因为政治合法性表明该组织或该组织的活动符合某种政治规范①。"作为领导中国社会发展的核心力量，中国共产党不仅是国家政治生活的领导核心，而且是中国社会的组织核心"②，所以，获得党的认可，是包括行业协会商会在内的社会组织具有政治合法性的重要标志。

对于行业协会商会来说，要在国家治理体系现代化中发挥更大作用，需要进一步提升政治合法性，因为行业协会商会无论是获取政策、场地、资源等方面的支持和优惠以完善自身的组织和功能，还是参与市场治理、社会治理以及参与重构政会关系，都需要党和政府赋予行业协会商会一个更合法和权威的参与治理的身份，使行业协会商会参与国家治理体系现代化具备更加牢固的政治基础和坚实的信任根基。但是，直接登记制度的实施和行业协会商会与行政机关脱钩改革使行业协会商会在某种程度上丧失了一定的政治合法性和权威，而"强制性权威"弱化的同时，"自主性权威"却未确立，从而使行业协会商会面临合法性与权威性危机③。

在推进国家治理体系现代化的过程中，党建的资源激励机制给行业协会商会提供了政治合法性资源。在行业协会商会中加强党建，确保党在行业协会商会中发挥领导作用，并且确保行业协会商会在党建引领下参与国家治理体系现代化，这本身就是向行业协会商会发出的合法性要求的信号，代表党和国家对行业协会商会政治合法性的承认。2015 年中共中央办公厅印发的《关于加强社会组织党的建设工作的意见（试行）》和 2016 年中共中央办公厅、国务院办公厅联合发布的《关于改革社会组织管理制度促进社会组织健

---

① 高丙中．社会团体的合法性问题 [J]．中国社会科学，2000（2）.

② 林尚立．社区自治中的政党：对党、国家与社会关系的微观考察——以上海社区为考察对象//上海市社科联，等．组织与体制：上海社区发展理论研讨会会议资料汇编 [M]．2002：45.

③ 傅昌波，简燕平．行业协会商会与行政脱钩改革的难点与对策 [J]．行政管理改革，2016（10）.

康有序发展的意见》两个文件将包括行业协会商会在内的社会组织的党建工作提到中央高度，民政部等部门也多次发文要求不断加强包括行业协会商会在内的社会组织的党建力度，这标志着行业协会商会在国家治理体系现代化中的政治合法性的进一步提升。

近年来，在行业协会商会大力发展党员以及党员行业协会商会负责人担任党组织负责人已经落实，行业协会商会优秀党组织书记成为各级党代会代表、人大代表、政协委员或劳动模范的机会大大增加。温州市某行业协会常务副会长担任该行业协会党委书记，由于优秀的党建工作表现，他被评为温州市首位"双强红领"① 的社会组织党组织书记，并获选温州市党代表。对行业协会商会来说，这些政治身份是政治合法性提高的重要表现；另外，各级党和政府也积极开展先进行业协会商会党组织、先进共产党员等评选活动。2021 年，为庆祝中国共产党成立 100 周年，全国工商联组织开展了商会党建工作示范单位培树活动，确定全国 100 个商会党组织为商会党建工作示范单位。浙江省工商联表彰全省党建工作示范商会和"百家示范商会"。中共温州市委直属机关工委表彰市直单位优秀共产党员、优秀党务工作者、先进基层党组织，永嘉县鞋革行业协会联合党支部被评为市直单位先进基层党组织，受到表彰②。中共温州市工商联党组也在本系统内开展了优秀共产党员、优秀党务工作者、先进基层党组织评选表彰工作。全市行业协会商会共有 34 名共产党员、19 名党务工作者、11 个基层党组织受到表彰③。此类活动的开展本身就代表行业协会商会已经被党和政府认可、信任和重视。

行业协会商会尤其是党建工作做得较好的行业协会商会获得更多的政治信任，使彼此更大范围的合作成为可能。党、政府和行业协会商会之间政治信任的提升促成彼此更为良性的互动，有利于行业协会商会获得行政合法

---

① "双强"是指"党性强、业务强"，"红领"指"两新"党组织书记。2021 年，温州市委组织部、市委新经济与新社会组织工作委员会开展温州市"双强红领"考核评定活动，产生了 10 名"两新"党组织书记为温州市首批一级"双强红领"、20 名"两新"党组织书记为温州市首批二级"双强红领"。符合条件的优秀"双强红领"书记被纳入机关、事业单位、国有企业领导干部选拔视野。

② 我市"两优一先"表彰名单正式公布 [N]. 温州日报, 2021 - 07 - 01 (6).

③ 中共温州市工商业联合会党组：《关于表彰温州市工商联系统优秀共产党员、优秀党务工作者、先进基层党组织的决定》（温联党组〔2021〕9 号）。

性，从而在承接政府部分职能转移与购买服务、履行社会责任、调解民营经济领域矛盾纠纷、规范市场秩序、监督行业安全生产等政府部门不宜行使、适合行业协会商会提供的事务性管理工作及公共服务方面获得党和政府更多的职能让渡。另外，党建有利于树立行业协会商会专业、正规、科学、权威的形象，提升行业协会商会公信力，增进企业和社会各界对行业协会商会的信任度，从而提高行业协会商会的社会合法性。社会合法性的提高有利于行业协会商会在开展行业治理、行业自律和行业服务，参与环境治理等社会服务项目方面更好地发挥补充性作用。总之，合法性的提升使行业协会商会在参与国家治理体系现代化过程中拥有了更合法权威的身份和更广泛的参与空间。

3. 党建引领行业协会商会治理正确方向。党建的政治引领机制、价值引导机制和运行监督机制保证行业协会商会在参与国家治理体系现代化过程中既充满活力又健康有序。

对行业协会商会既培育发展又规范管理、秩序优先于活力的价值排序，构成中国行业协会商会管理体制改革的逻辑起点①。党的十八届三中全会以来，行业协会商会在国家治理体系现代化中发挥作用的空间越来越大，这对行业协会商会自身的健康发展提出了更高的要求。2016 年，中共中央办公厅、国务院办公厅联合发布《关于改革社会组织管理制度促进社会组织健康有序发展的意见》，可见对行业协会商会等社会组织健康发展的重视；中共中央办公厅印发的《关于加强社会组织党的建设工作的意见（试行）》则明确要求围绕行业协会商会等社会组织健康发展来开展党组织活动②。不过，直接登记制度实施后，对行业协会商会等社会组织"重登记、轻监管"的现象明显，所以中共中央办公厅、国务院办公厅印发的《行业协会商会与行政机关脱钩总体方案》、民政部制定的《"十四五"社会组织发展规划》等文件明确要求必须加强对行业协会商会的综合监管。脱钩后，全面加强党建工

---

① 马长俊. 解构与重构：行业协会商会脱钩改革的政会关系变迁研究［J］. 行政管理改革，2020（2）.

② 中共中央办公厅关于加强社会组织党的建设工作的意见（试行）//吴刚. 社会组织支持型政策选编［M］. 北京：人民出版社，2017：90.

作则是规范管理行业协会商会的一种重要方式①。

首先，党建的政治引领机制保证行业协会商会治理的政治方向。包括行业协会商会在内的社会组织党组织是党在社会组织中的战斗堡垒，发挥政治核心作用。其第一个基本职责是保证政治方向②，加强对包括行业协会商会在内的社会组织的政治引领和示范带动③。各行业协会商会党组织的思想政治引领和对党和国家的路线方针政策和决议的贯彻执行提升行业协会商会的政治意识，确保行业协会商会在中国特色社会主义的轨道内活动，不偏离社会主义方向。

其次，党建的价值引导机制赋予行业协会商会正确的价值导向，引导行业协会商会依法合规参与治理。为了引导行业协会商会树立社会主义核心价值观，深圳市装饰行业党委在 2018 年，组织行业企业赴河源市礼坑村开展定点扶贫活动；2019 年组织开展了"河未来·益起行"亲子护河环保活动；2020 年动员行业企业捐助四川省金阳县共计 206760 元；2021 年 1 月组织开展"喜迎新春、情暖童心——我在深圳过大年"关爱残障儿童新春慰问活动④。社会主义核心价值观的注入有助于引导行业协会商会增强价值认同，树立正确价值判断。在国家治理体系现代化进程中，行业协会商会要更好地发挥作用，应当积极参与、勇于担当并且在法律范围内活动。党组织积极引入和打造学习型组织，增强了行业协会商会的向心力和凝聚力；党组织积极关心和帮助人才，钦州市坭兴陶行业协会党委在每年"七一"等各个重要时间节点，都组织行业内的党员、技术骨干到红色教育基地重温入党誓词，分享"入党初心"，坚定"听党话、感党恩、跟党走"，激发奋进力量，推动

---

① 马长俊. 解构与重构：行业协会商会脱钩改革的政会关系变迁研究 ［J］. 行政管理改革，2020（2）.

② 中共中央办公厅关于加强社会组织党的建设工作的意见（试行）//吴刚. 社会组织支持型政策选编 ［M］. 北京：人民出版社，2017：88.

③ 中共中央办公厅、国务院办公厅关于改革社会组织管理制度 促进社会组织健康有序发展的意见//吴刚. 社会组织支持型政策选编 ［M］. 北京：人民出版社，2017：8.

④ 深圳市装饰行业协会——以党建为依托，助推企业健康快速发展 ［J］. 中国建筑装饰装修，2021（6）.

坭兴陶人才培育、技艺传承与创新①。党组织还开展多种形式的文化活动，特别是革命文化活动。2021 年，为庆祝中国共产党成立 100 周年，深化党史学习教育，各行业协会商会都举办了重温中国共产党百年奋斗的光辉历程、喜庆建党 100 周年的活动。上海市安装行业协会前往中共一大纪念馆开展主题教育并在当晚举办安装人喜庆建党 100 周年歌咏联欢②。深圳市装饰行业党委组织行业党员一行赴北京大学参加党史学习教育，观看了新中国成立以后各次反击战和援外战纪录片，聆听战斗英雄分享战斗故事；组织"红色装饰 40 年"作品征集及主题展览活动，在深圳市装饰行业内征集红色建筑、装饰作品，激发装饰人的使命感和自豪感，向建党 100 周年献礼；还组织"最美共产党员"评选活动等③。先进文化建设活动使行业协会商会党员和群众增强了对于包括革命文化在内的先进文化的认同，引导党员和群众树立不畏牺牲、乐于奉献的大无畏革命精神，坚韧不拔、勇往直前的奋斗精神，自力更生、艰苦奋斗的创业精神等精神特质，激发行业协会商会从业人员的工作热情和主人翁意识，从而促使行业协会商会积极参与治理并且在参与治理过程中更具责任担当精神、自律意识、守法意识和服务意识。

最后，党建的运行监督机制有效规避行业协会商会参与治理过程中的无序竞争乃至违规违法现象。党组织帮助行业协会商会健全章程以及各项管理制度。天津市物业管理协会在与行业行政主管机关脱钩后，当年便在天津市社会组织党委的具体指导下成立了党支部。党支部推动天津物协将党建写入协会章程，并建立健全规章制度④，以促进行业协会依规办事，规范内部管理。另外，党组织对行业协会商会实施各项监督措施以确保行业协会商会在法律范围内活动。

4. 党建助推行业协会商会组织能力提升。行业协会商会要在国家治理体

---

① 姚绍贤，黎东桂. 党旗红，产业兴——钦州市行业党建引领坭兴陶产业发展纪实 [J]. 钦州日报，2021 - 11 - 10 (003).

② 上海市安装行业协会. 传红色基因，庆百年华诞，启发新征程 [J]. 安装，2021 (7).

③ 深圳市装饰行业协会——以党建为依托，助推企业健康快速发展 [J]. 中国建筑装饰装修，2021 (6).

④ 林谷春. 加强党建引领，服务社会发展 [J]. 中国物业管理，2021 (7).

系现代化过程中更有效发挥作用，组织能力提升是关键。在后双重管理体制时代，行业协会商会面临的最大发展障碍已经从外部转向内部，组织能力建设对行业协会商会而言更显紧迫①。党建的治理支持机制和运行监督机制助推行业协会商会组织能力的提升。

关于行业协会商会组织能力的概念和能力建设途径，学者们没有形成统一的观点②。这里采用郁建兴等学者们的观点。他们认为行业协会商会的组织能力是行业协会商会为实现组织目标所具备的主客观条件，包括资源、管理、知识和联盟四种能力；行业协会商会能力建设包括内外两个途径。从内部着手提升行业协会商会组织能力的途径包括完善治理结构、引入建立学习型组织、实施战略管理、开展项目管理、建立评估和激励制度；从外部着手培育行业协会商会组织能力的途径包括加强政府监管、加大政府扶持、发展组织间合作③。

在党建的治理支持机制中，党组织对行业协会商会法人治理结构和治理机制的完善可以促进其内部治理水平和业务活动能力的提升。法人治理结构是行业协会商会自身建设的主体内容，健全的法人治理结构、完善的法人治理机制是行业协会商会在国家治理体系现代化过程中更好发挥作用的前提和保证。然而，治理结构不健全、法人治理机制不完善是我国行业协会商会一直以来存在的问题。在各地行业协会商会等级评估指标体系中，法人治理结构方面的分数占比在一半左右。不少行业协会商会往往由于法人治理结构不健全导致评估等级偏低。行业协会商会内部监督制度和内部治理结构的形式化导致行业协会商会内部治理缺乏公平性、民主性与公正性，利益代表不足④，这严重制约行业协会商会内部治理能力的提升，阻碍行业协会商会的

①③ 郁建兴，周俊，沈永东，等. 后双重管理体制时代的行业协会商会发展 [J]. 浙江社会科学，2013（12）.

② 任浩，李峰. 行业协会影响力评价指标体系的实证研究 [J]. 现代管理科学，2006（4）；张冉，任浩. 行业协会组织能力的界定及相关范畴的比较研究 [J]. 改革与战略，2007（12）；张冉. 现代行业协会组织能力 [M]. 上海：上海财经大学出版社，2009；胡辉华，黄淑贤. 论行业协会的能力建设 [J]. 学会，2011（2）；郁建兴，周俊，沈永东，等. 后双重管理体制时代的行业协会商会发展 [J]. 浙江社会科学，2013（12）.

④ 郁建兴，沈永东，周俊. 从双重管理到合规性监管——全面深化改革时代行业协会商会监管体制的重构 [J]. 浙江大学学报（人文社会科学版），2014（7）.

高质量发展以及在国家治理体系现代化中作用的发挥。所以，中共中央办公厅、国务院办公厅联合发布的《关于改革社会组织管理制度促进社会组织健康有序发展的意见》、民政部发布的《"十四五"社会组织发展规划》等文件明确要求健全法人治理结构以促进行业协会商会等社会组织能力提升①。随着行业协会商会党建的推进，党组织内嵌入行业协会商会组织结构，将党建工作融入行业协会商会运行和发展全过程，推动党的领导与行业协会商会法人治理在目标、组织结构、运行机制等方面实现融合②，促进行业协会商会形成权责明确、运转协调、制衡有效的内部治理结构和更为完善的法人治理机制，采取更加透明、公开、有效的内部管理体系，从而提高行业协会商会决策的科学性、运行的效率和服务水平。

党建的运行监督机制和治理支持机制可以提供培育行业协会商会组织能力的外部手段。运行监督机制对行业协会商会的治理行为进行有效的引导、监督和管理。治理支持机制中党组织对行业协会商会参与市场治理和社会治理的引导和支持能有效扶持行业协会商会的发展，也促进行业协会商会与其他组织间的合作，特别是在社会协同治理中的合作。

总之，党建激发行业协会商会参与治理的内生动力、提升行业协会商会参与治理的合法性、引领行业协会商会治理正确方向和助推行业协会商会组织能力提升，从而促进行业协会商会治理能力的提升，使其在政会合作、参与市场治理与社会治理中更好地发挥作用。

（二）党建引领下行业协会商会参与国家治理体系现代化建设

根据学者俞可平的观点，国家治理体系包括规范行政行为、市场行为和

---

① 中共中央办公厅、国务院办公厅印发的《关于改革社会组织管理制度促进社会组织健康有序发展的意见》等文件明确要求健全法人治理结构以加强行业协会等社会组织自身建设，参见：中共中央办公厅、国务院办公厅关于改革社会组织管理制度 促进社会组织健康有序发展的意见//吴刚. 社会组织支持型政策选编［M］. 北京：人民出版社，2017：14；民政部发布的《"十四五"社会组织发展规划》要求推动包括行业协会在内的社会组织发展从"多不多""快不快"向"稳不稳""好不好"转变，从注重数量增长、规模扩张向能力提升、作用发挥转型，并明确要以推进包括行业协会在内的社会组织高质量发展为主题，以优化包括行业协会在内的社会组织结构布局为主线。

② 马长俊. 加强党的领导与行业协会法人治理相融合研究［J］. 社会主义研究，2018（6）.

社会行为的一系列制度和程序①。在党建引领下，行业协会商会加强了与政府的合作，提升了市场治理和社会治理的效能，从而在国家治理体系现代化建设中更好地发挥了作用。

1. 加强与政府合作。"政府与行业协会的关系可以说是中国行业协会发展中面临的最核心、最普遍，也是最为困惑的问题"②，其关键在于两者之间由于权力、地位的悬殊而呈现的"控制与自主"关系③。在国家治理体系现代化进程中，行业协会商会与行政机关的脱钩改革推动政会之间权力重新配置、地位调整：厘清了行政机关与行业协会商会的职能边界，促进政府职能转变，推动行业协会商会成为依法设立、自主办会、服务为本、治理规范、行为自律的社会组织。在脱钩背景下，政府与行业协会商会的合作共治成为坚持和完善共建共治共享的社会治理制度、推进国家治理体系现代化的必然要求和重要手段。政会合作有两种基本形态：购买服务和合作治理④。在脱钩背景下出现的"加强党建"的新现象⑤，对促进行业协会商会与政府的合作起到积极作用。

行业协会商会是承接政府职能转移和购买服务的重要主体。党组织帮助行业协会商会完善组织结构和功能，提高专业化、法治化水平，从而提升行业协会商会承接政府职能转移和购买服务的能力；党组织引导行业协会商会将更多的人力、物力、财力和专业发展投向党和政府预设的治理领域，使行业协会商会的治理行为符合国家治理体系现代化的战略部署；党组织引导和监督行业协会商会采取依法合规手段竞争服务项目，为行业协会商会参与购买服务提供各种服务。这些举措最终提升行业协会商会承接政府职能转移和购买服务的实效。

所谓合作治理，是指政府与行业协会商会对公共事务实施共同治理，即

① 俞可平. 推进国家治理体系和治理能力现代化 [J]. 前线，2014 (1).
② 王名，贾西津. 行业协会论纲 [J]. 经济界，2004 (1).
③ Teets J. C. Let Many Civil Societies Bloom：The Rise of Consultative Authoritarianism in China [J]. The China Quarterly, 2013, 213 (2)：19 – 38.
④ 敬乂嘉. 从购买服务到合作治理——政社合作的形态与发展 [J]. 中国行政管理，2014 (7).
⑤ Shen Y., Yu J., Zhou J. The Administration's Retreat and the Party's Advance in the New Era of Xi Jinping：The Politics of the Ruling Party, the Government, and Associations in China [J]. Journal of Chinese Political Science, 2020 (25)：71 – 88.

行业协会商会经由制度化渠道进入到政府过程，通过咨询、表达、呼吁、参与、协商和评议等活动，影响公共决策和实际治理过程①。行业协会商会是代表企业发出利益诉求的一种有效政策参与形式②，一些民营企业经常通过行业协会商会以行业的名义与政府谈判③，或反映会员企业和整个行业的利益诉求。我国行业协会商会政策参与的意愿和积极性较强，特别是民营经济发达地区的行业协会商会政策参与意识更为强烈，政策参与能力也更强。在国家治理体系现代化过程中，让行业协会商会通过政策参与走上前台，是充实国家经济社会治理的重要方式④，有利于其在国家治理中发挥重要作用。目前，行业协会商会反映利益诉求的制度化渠道和常态化的机制欠缺⑤，导致行业协会商会无法及时有效地为行业、会员企业表达利益诉求。随着行业协会商会党建的推进，党的组织网络和组织资源为行业协会商会获得政策参与机会提供了更宽广的制度化渠道。比如，行业协会商会党组织书记被推荐为党代会代表、人大代表、政协委员和劳动模范的机会增加，类似的政治安排对行业协会商会和私营企业主们来说，是政治地位提升的表现，更重要的是为其创设了更多更便捷的与政府沟通的渠道。温州市某商会党支部搭建了会员与政协委员沟通平台，实现会员企业和政府部门零距离沟通。借由这个平台，会员企业反映企业发展难题，为优化营商环境献计献策。党组织的举措促进行业协会商会利益诉求被快速有效纳入公共政策过程，从而提高公共事务决策的有效性和科学性，实现政会对公共事务有效的共同治理。

2. 提升市场治理效能。行业协会商会作为"组织化的私序"，是实现行业自律的重要手段。在市场治理中发挥行业协会商会的自律功能是比较受关

---

① 敬乂嘉. 从购买服务到合作治理——政社合作的形态与发展 [J]. 中国行政管理，2014 (7).

② 周俊. 行业组织政策倡导：现状、问题与机制建设 [J]. 中国行政管理，2009 (10)；江华，张建民，周莹. 利益契合：转型期中国国家与社会关系的一个分析框架——以行业组织政策参与为案例 [J]. 社会学研究，2011 (3).

③ Wank D. L. Private Business, Bureaucracy, and Political Alliance in a Chinese City [J]. The Australian Journal of Chinese Affairs, 1995 (33)：55 – 74；Saich T. Negotiating the State：The Development of Social Organizations in China [J]. The China Quarterly, 2000 (161)：124 – 141.

④ 吴昊岱. 策略行动者：行业协会商会政策参与的新角色——评《中国行业协会商会政策参与——国家与社会关系视角的考察》[J]. 中国第三部门研究，2020，20 (2)：148 – 154.

⑤ 周俊. 行业组织政策倡导：现状、问题与机制建设 [J]. 中国行政管理，2009 (10)；马长俊. 完善行业协会与政府合作的利益表达机制 [J]. 行政管理改革，2016 (10).

注的问题。2014 年，民政部等 8 部门出台《关于推进行业协会商会诚信自律建设工作的意见》，要求推进行业协会商会诚信自律建设，打造行业信用和自律体系。党的十九届四中全会也强调要发挥行业协会商会自律功能，引导监督行业协会商会廉洁自律。党建引领下，行业协会商会努力推进行业诚信自律建设，加强和改善行业管理和市场治理。

2018 年 8 月，在深圳市装饰行业党委的推动下，深圳市装饰行业成立了深圳市装饰行业廉洁自律委员会，制定了《深圳市装饰行业廉洁从业实施方案》以及《深圳市装饰行业廉洁自律公约》，对各装饰企业及从业人员依法经营、廉洁执业进行引导和约束。深圳市装饰行业党委还持续动员及组织装饰企业签署廉洁自律公约，2021 年共计有 1000 余家行业企业签署该公约①。

2018 年 10 月，天津市物业管理协会党支部在广泛征求街道社区、服务对象、有关部门的意见和总结行业经验的基础上，制定了《天津市物业服务行业自律公约（试行)》。该公约对物业服务企业、从业人员分别提出了 9 个和 6 个方面的指导性要求，分别制定了 10 个和 5 个方面的禁止性规定。天津市物业管理协会党支部还通过媒体向社会公开公约内容，主动接受社会监督②。2021 年 8 月，协会还向会员单位发出《"加大物业服务收费信息公开力度，让群众明明白白消费"倡议书》，引导物业服务企业严格执行收费信息公开有关规定，并召开"加大物业服务收费信息公开力度工作座谈会暨2021 年第三季度会长扩大会议"并组织会员单位签署承诺书③。2021 年 10 月，协会召开"加大物业服务收费信息公开力度，让群众明明白白消费"中期推动会暨 2021 年第四季度会长扩大会议，对各会员单位在"加大物业服务收费信息公开力度，让群众明明白白消费"工作中的成果进行汇报总结④。

党建引领下，行业协会商会制定自律公约，并积极采取措施督促会员企

---

① 深圳市装饰行业协会——以党建为依托，助推企业健康快速发展［J］. 中国建筑装饰装修，2021（6).

② 林谷春. 加强党建引领，服务社会发展［J］. 中国物业管理，2021（7).

③ 市物业协会召开加大物业服务收费信息公开力度工作座谈会暨 2021 年第三季度会长扩大会议［EB/OL］.［2021 - 11 - 30］. http：//www. tjpma. org/Article/detail/id/787. html.

④ 市物业协会召开关于开展"加大物业服务收费信息公开力度，让群众明明白白消费"的中期推动会暨 2021 年第四季度会长扩大会议［EB/OL］.［2021 - 11 - 30］. http：//www. tjpma. org/Article/detail/id/788. html.

业认真遵守。引导本行业企业诚信经营，合法竞争，有效维护市场竞争秩序，提高了市场治理效能，弥补政府监管之不足。

3. 提升社会治理效能。十九届四中全会的《决定》指出：坚持和完善共建共治共享的社会治理制度，必须加强和创新社会治理，完善党委领导、政府负责、民主协商、社会协同、公众参与、法治保障、科技支撑的社会治理体系①。在推进国家治理体系现代化过程中，行业协会商会是创新社会治理的助推器，参与社会协同治理的重要主体。行业协会商会具有信息提供和协调行动两大功能优势②，能有效弥补"市场失灵"和"政府失灵"。党建引领下，行业协会商会在管理社会事务、化解社会矛盾、履行社会责任等方面积极作为。

2018年第四季度，为破解物业服务企业在参与社区治理中的疑难问题，天津市物业管理协会党支部成立调研组并先后深入全市16个行政区和海河教育园区物业管理部门及70多家物业服务企业深入调研，形成了万余字的调研报告。在调查研究的基础上，协会党支部与有关部门共同确立了"社区+×+物业服务企业"的多元共建基层治理措施。一是帮助企业建立党组织，对暂不具备条件的，通过"社区党组织+业主委员会党组织+物业服务企业党员"的模式开展党建工作。二是积极参与基层治理，由"街道大工委和社区大党委+区域职能部门+社区网格员+物业服务企业负责人"组成基层社区治理组织，就社区治理中出现的矛盾和问题及时沟通，协调解决。三是共同推进区域重点工作和任务的完成。在党和政府的重大部署和重要任务面前，由区域党组织牵头组建的共建体多元发力，团结一致，攻坚克难，共建共治③。

2020年新冠疫情发生后，温州市金属行业协会党委和理事会领导班子成员，深入会员企业了解复工复产情况以及急需解决的困难，并主动与相关部门协调，帮助解决复工复产中遇到的码头钢材装卸、外地员工返岗等问题，

① 中共中央关于坚持和完善中国特色社会主义制度 推进国家治理体系和治理能力现代化若干重大问题的决定［M］. 北京：人民出版社，2019：30.
② 余晖. 行业协会组织的制度动力学原理［J］. 经济管理，2001（4）.
③ 林谷春. 加强党建引领，服务社会发展［J］. 中国物业管理，2021（7）.

使企业和员工时刻都感受到党组织的关怀和温暖。同时，协会党委和理事会第一时间向会员企业、党员同志发出倡议，共收到捐款 22 万元，组织人员专程送往温州医科大学附属二院瓯江口院区；协会将由国外辗转运抵温州的第一批 9000 只防疫口罩，定向捐给急需口罩的全市 40 多家医院血透室医护人员和患者……

温州市金属行业协会自成立以来，开展各类公益献爱心活动，累计捐款达 1000 多万元。"八一"拥军慰问、灾后慈善捐款、春节期间扶贫济困等活动，成为协会每年必做的事情。长年累月的善行换来了社会各界的高度认可。这几年市金属行业协会先后获得浙江省红十字会抗震救灾特别奉献奖、温州市红十字会汶川地震救灾先进集体、温州希望工程爱心奖、龙湾区慈善捐赠突出贡献奖等荣誉称号①。

可见，党建引领下，行业协会商会在社会治理中的动力、信心和能力提升，与其他治理主体之间形成更为良性的互动，从而促进行业协会商会社会治理效能的提升。

第三节　党建引领行业协会商会参与国家治理体系现代化存在的问题及建议

一、当前行业协会商会党建存在的主要问题

由前述分析可知，党建对行业协会商会参与国家治理体系现代化作用巨大。行业协会商会作为推进国家治理体系现代化的重要力量，在政策参与、市场治理、社会治理等方面都承担着重要的任务，同时也面临诸多新问题和新挑战。所以，党在行业协会商会的领导地位只能加强，不能削弱，行业协会商会党建只能加强，不能削弱，这样才能使行业协会商会更有效地参与国家治理。当前行业协会商会党建工作全面推进并取得显著成效，党的建设写

---

① 李中. 金属行业协会：筑牢红色堡垒，凝聚发展合力［N］. 温州日报，2021－07－07（003）.

入行业协会商会章程，已经实现党组织和党建工作的全覆盖，党建工作基本朝着制度化、规范化、科学化方向良性发展，初步形成了行业协会商会各具特色且行之有效的党建工作模式。不过，不可避免地还是存在一些问题。这些问题影响了行业协会商会党组织政治核心作用的发挥，也影响了行业协会商会在国家治理体系现代化建设中作用的有效发挥。

（一）行业协会商会存在对党建的重要性认识不到位的现象

对行业协会商会的组织架构而言，党组织属于外部嵌入式组织。行业协会商会党组织的设立和党建工作的开展，对于行业协会商会的良性发展起着积极的作用，但目前个别行业协会商会党建内生动力欠缺，对党建重要性认识不到位，对党组织和党建工作存在忽视、敷衍塞责乃至排斥的现象。

行业协会商会作为一种自治性和互益性组织，主要依靠会员企业缴纳的会费和针对会员企业的经营服务性收费以及承接政府购买服务收入来维持其生存发展，因此，其主要职能是服务会员企业、提供行业公共服务以及承接政府职能转移，如维护会员权益、引领行业方向、加强行业管理、督促行业自律、服务行业发展和参与产业政策制定等。后双重管理体制时代，直接登记制度的实行、行业协会商会与行政机关脱钩、"一业多会"和"一地多会"加剧行业协会商会间的竞争。为吸引企业入会和防止会员脱会，有的行业协会商会着重于提高服务会员质量却忽视了党建工作，认为党建工作可有可无，无足轻重。因而对党建工作持消极①甚至排斥心理。各地行业协会商会等级评估标准或其他考核标准中存在党建工作的要求，个别行业协会商会表面上重视党建工作，实际上却将党建工作视作一项政治任务而流于形式地去完成，导致党组织无法发挥对行业协会商会的政治引领和示范带动作用。

（二）一些行业协会商会党建工作问题较突出

行业协会商会专职的工作人员普遍偏少，党员就更少，且人员流动性

---

① 武磊. 社会组织党建怎么抓 [J]. 人民论坛, 2017 (11).

强，因此一般不专门设立党建工作人员的编制，党建工作往往是由专职工作人员中的党员如行业协会商会的会长、副会长、秘书长以及其他工作人员兼任。他们本身协会事务繁忙，"双肩挑"更是分身乏术，导致党建工作难以有效开展。一些中小型行业协会商会党员人数不足三名，难以设立独立的党组织，由于对党建工作的重要性认识不足，并不积极与其他行业协会商会建立联合党支部，即使联合党支部得以成立但两个或数个行业协会商会在开展党建活动的时间、地点、人员的协调统筹方面存在实际的难度，因而党组织活动要么开展得少，要么流于形式。

还有一些行业协会商会的党组织表面上设置健全，但由于诸多原因，如党建工作人员流失严重或身兼数职；党建工作人员政治素质和业务能力不足；党建活动经费不足和场地不够等，导致党组织很少开展党组织活动和党员教育或仅仅开展一些程序性活动，如开会、读报、念文件、表态、交思想汇报等。有的行业协会商会把自身的日常工作作为党建活动内容写进党建总结材料之中。有的行业协会商会虽然开展的党建活动不少，但"三会一课"只是走过场，对党中央的最新精神的理解和阐释不够，对党中央的路线、方针、政策的学习和贯彻深度不足，民主评议党员、批评与自我批评形同虚设，作用发挥不到位。还有个别行业协会商会存在党员身份认同弱化问题。有的党员党性和组织观念淡薄，不愿转接组织关系，甚至隐瞒党员身份，个别党员不积极参加组织生活和党建活动，遑论发挥党员先锋模范作用，而党组织对于这些党员的教育和管理没有发挥有效作用。另外，不少地方的行业协会商会的管理部门和上级党组织存在"重建党、轻党建"现象，只重视行业协会商会党组织设立的数量和覆盖率，却忽视行业协会商会党建工作开展的质量，导致一些行业协会商会党建工作开展状况不尽如人意，甚至出现党组织空转现象。

（三）部分行业协会商会党组织难以发挥战斗堡垒作用

按照 2016 年的《关于改革社会组织管理制度促进社会组织健康有序发展的意见》的要求，党组织应"按照党中央明确的党组织在社会组织中的功能定位，发挥党组织的政治核心作用，加强社会组织党的建设，注重加强对社会组织的政治引领和示范带动，支持群团组织充分发挥作用，增强联系服务群众的合力"①。党的十九大报告也指出："党的基层组织是确保党的路线方针政策和决策部署贯彻落实的基础"②。中共中央办公厅印发的《关于加强社会组织党的建设工作的意见（试行）》也指出，"社会组织党组织是党在社会组织中的战斗堡垒，发挥政治核心作用"③。

行业协会商会党组织作为党的基层组织的重要组成部分，总的来说在行业协会商会的作用已经有了很大的加强。但不可忽视的是，在个别行业协会商会中，党组织建设弱化、虚化、边缘化，党组织在行业协会商会中的法定地位没有得到有效保证，党组织的战斗堡垒作用并没有得到有效发挥，难以形成对行业协会商会的政治引领和示范带动。"三会一课"无法落实，对党的路线、方针、政策的宣传和执行力度不够，对于重大事务、重大活动、重大财务收支难以有效参与、监督和发挥作用，对党员的教育和管理不到位，导致一些党员意识薄弱，理想信念模糊，不按要求参加党内政治生活，或对党组织提出的政治任务消极应付，党员的先锋模范作用难以有效发挥。一些行业协会商会党组织没有找准党组织和党员发挥作用的着力点，在引领行业协会商会承接政府职能转移与政府购买服务、参与行业管理和社会治理、政策参与、为社会作奉献、为群众办实事方面缺乏有力措施。

后双重管理体制时代克服了原有的管理体制的弊端，但随之而来也出现了一些新的问题，不可避免地造成一定程度的治理失灵。比如不再有业务主管单位的行业协会商会某种程度上也丧失了一定的合法性和权威性，特别是对官办行业协会商会来说，"强制性权威"弱化的同时，"自主性权威"却未确立，从而面临合法性与权威性危机④。另外，脱钩、允许"一业多会"和"一地多会"增加了行业协会商会间的竞争，为了从竞争中胜出，行业协

---

① 中共中央办公厅、国务院办公厅关于改革社会组织管理制度 促进社会组织健康有序发展的意见//吴刚. 社会组织支持型政策选编［M］. 北京：人民出版社，2017：8.

② 习近平. 决胜全面建成小康社会 夺取新时代中国特色社会主义伟大胜利——在中国共产党第十九次全国代表大会上的报告［M］. 北京：人民出版社，2017：65.

③ 中共中央办公厅关于加强社会组织党的建设工作的意见（试行）//吴刚. 社会组织支持型政策选编［M］. 北京：人民出版社，2017：88.

④ 傅昌波，简燕平. 行业协会商会与行政脱钩改革的难点与对策［J］. 行政管理改革，2016（10）.

会商会将更好地发挥功能以吸引企业入会和防止会员脱会，但在实践中，却又不可避免地出现竞争的无序问题和治理失范等。这些问题如何规避，如何监管，目前来说部分党组织在这方面并没有有效地发挥作用。

（四）后双重管理体制时代行业协会商会党建管理体制不健全

行业协会商会党建管理体制不健全源于后双重管理体制时代行业协会商会监管体制的不健全。双重管理体制的终结使行业协会商会的"注册难"成为历史，给行业协会商会带来更大发展空间，但同时也使行业协会商会的监管难题日益突出。双重管理体制时代对行业协会商会的监管是以限制准入为特征的预防型的事前监管。这种监管体制是一种典型的"监护型控制"①，存在诸多的弊端，特别是对行业协会商会的日常行为的监管松懈。但后双重管理体制时代监管难度并未减弱，反而面临着更严峻的监管困境。

实行直接登记制度以及允许"一业多会"和"一地多会"导致行业协会商会数量增长，而业务主管部门的退出使民政部门既需要对大量新增行业协会商会的注册登记事务进行审批，又需要与其他部门一起参与对行业协会商会日常活动的综合监管，不仅如此，民政部门还要承担其他社会组织的登记管理工作。根据民政部的统计，截至2021年底，全国依法登记的社会组织（含行业协会商会）总量突破90万家②。如此庞大的社会组织数量，对民政部门和有关监管部门来说，登记和监管难度可想而知，这在对行业协会商会的登记和监管方面体现得尤为明显。首先，对一些行业协会商会登记审查把关不严，一些登记机关在未详细审查行业协会商会的情况下直接登记资格，如成立必要性、运作可行性等，特别是党建工作状况的情况下就予以登记；其次，对行业协会商会党建的管理难以顾及。目前各地对行业协会商会党建进行管理的部门是各地社会组织综合党委或行业协会商会综合党委等。这些部门党建管理工作任务繁重但人手不足、经费缺乏，而且行业协会商会类社会组织党建是一个新生领域，无成熟经验可以借鉴，难免管理经验不

---

① 邓正来，丁轶. 监护型控制逻辑下的有效治理：对近三十年国家社团管理政策演变的考察 [J]. 学术界，2012（3）.

② 国家统计局. 中国统计年鉴2022 [M]. 北京：中国统计出版社，2022：722.

足，从而导致党建管理工作效果不理想。另外，截止到 2021 年 10 月，行业协会商会与行政机关脱钩改革基本完成，7.11 万家行业协会商会实现脱钩①，还剩余少量行业协会商会未实现脱钩。在目前脱钩工作未全部完成的情况下，未脱钩的行业协会商会暂时实行业务主管单位和登记管理机关双重管理。这一类行业协会商会的日常监管和党建工作由谁负责、怎么管理并没有明确的规定。个别业务主管单位把对行业协会商会的日常管理和党建工作全部推给民政部门，无疑会对党建管理工作造成负面影响。

二、国家治理体系现代化背景下加强行业协会商会党建的建议

当前是行业协会商会为国家治理体系现代化作更大贡献的契机，也是自身发展的大好时机。要使党建更好地引领行业协会商会发挥作用，必须要坚持和强化党的领导，坚持党的领导和行业协会商会依法自治有机统一，应对挑战，把握变化，赋权赋能、帮助行业协会商会更好地参与国家治理，同时在当下后双重管理体制时代应加强对行业协会商会的党建监管。

（一）坚持和强化党的领导，确保行业协会商会正确的政治方向

习近平总书记在全国组织工作会议上指出："要加强社会组织党的建设，全面增强党对各类各级社会组织的领导。"② 党的十九届四中全会则指出："坚持和完善中国特色社会主义制度、推进国家治理体系和治理能力现代化，是全党的一项重大战略任务。必须在党中央统一领导下进行。"③《"十四五"社会组织发展规划》也要求包括行业协会商会在内的社会组织要"坚持党建引领，保证发展方向"，要引导包括行业协会商会在内的社会组织"感党恩、听党话、跟党走"。行业协会商会作为我国第一大类的社会组织，作为国家治理的重要主体，在参与国家治理体系和治理能力现代化进程中，必须要坚

---

①　民政部关于印发《"十四五"社会组织发展规划》的通知。
②　习近平. 在全国组织工作会议上的讲话［M］. 北京：人民出版社，2018：14.
③　中共中央关于坚持和完善中国特色社会主义制度 推进国家治理体系和治理能力现代化若干重大问题的决定［M］. 北京：人民出版社，2019：42.

持党的领导，强化党的领导的意识，发挥党组织的政治核心作用，注重加强党对行业协会商会的政治引领和示范带动。也就是说，行业协会商会必须坚持以习近平新时代中国特色社会主义思想为指导，增强"四个意识"、坚定"四个自信"、做到"两个维护"。同时，充分发挥党组织在行业协会商会参与国家治理中的战斗堡垒作用，充分发挥党员的先锋模范作用，才能确保行业协会商会在日益发挥强大作用的过程中不偏离正确轨道，始终保持正确的政治方向。

目前行业协会商会党建是社会组织党建中基础最薄弱、情况最复杂、工作难度最大的领域。习近平总书记说，"越是情况复杂、基础薄弱的地方，越要健全党的组织、做好党的工作，确保全覆盖，固本强基，防止'木桶效应'"①。在行业协会商会坚持和强化党的领导，第一，要采取切实有效的措施，分别采取单独组建、联合组建和挂靠等方式，有效实现党组织全覆盖，并且健全完善党建工作机制，有效实现党的工作全覆盖；第二，要加强对行业协会商会负责人的思想政治教育，使他们充分认识到行业协会商会党建的必要性、重要性和迫切性，引导他们主动支持和积极参与党建工作；第三，重视行业协会商会党组织书记的遴选和培训工作，并协助行业协会商会成立一支信仰坚定、政治素质过硬、党建工作能力强、相对稳定的党建工作队伍；第四，采用"互联网＋党建"模式，充分利用 QQ、微信、微博、钉钉、腾讯会议、学习强国 App、党建网站、VR 等新技术、新手段来加强党的路线、方针、政策的宣传，提升协会商会内党务工作上传下达效率以及促进党员之间的交流；第五，要加大对行业协会商会党建经费等的投入以及活动开展情况的管理。行业协会商会党建活动经费普遍不足，严重影响了活动开展的质量，上级党组织和地方财政要加大对行业协会商会党建的经费支持，为党建活动的开展提供必要的人力、物力保障，提供必要的党建活动场所。而且，对行业协会商会的党建活动实施全程管理，务必使党建活动保质保量地进行。总之，要将党建工作融入行业协会商会运行和发展全过程，确保行业协会商会正确政治方向。

---

① 习近平. 在全国组织工作会议上的讲话//中共中央文献研究室. 十八大以来重要文献选编（上）［M］. 北京：中央文献出版社，2014：352.

（二）坚持党的领导和行业协会商会依法自治的有机统一

保证党组织在行业协会商会中的法定地位，确保行业协会商会参与国家治理体系现代化在党的领导之下进行，确保党的领导融入行业协会商会治理各个环节，特别是确保党组织在行业协会商会重大决策中拥有话语权，这是毋庸置疑的。但党的领导主要体现在政治领导和重大事务决策上，即行业协会商会党组织应确保行业协会商会在政治立场、政治方向、政治原则、政治道路上同党中央保持高度一致，充分贯彻落实党的各项方针政策，但党组织应侧重管方向、抓大事，在行业协会商会参与国家治理体系现代化的过程中，在具体业务和管理上，则应让行业协会商会保持相对独立性。

行业协会商会发展的角色定位是成为依法设立、自主办会、服务为本、治理规范、行为自律的社会组织。2015 年，中共中央办公厅、国务院办公厅联合印发《行业协会商会与行政机关脱钩总体方案》，实施以政会"五分离""五规范"为主要内容的新一轮脱钩改革，更好地厘清政府与行业协会商会的职能边界，创新行业协会商会管理体制和运行机制。2019 年 1 月，最高人民法院和全国工商联联合印发《关于发挥商会调解优势推进民营经济领域纠纷多元化解机制建设的意见》，提出充分发挥商会调解化解民营经济领域纠纷的优势，使行业协会商会协同参与社会治理[①]。党的十九届四中全会指出要发挥群团组织、社会组织作用，发挥行业协会商会自律功能，夯实基层社会治理基础。这一系列的举措，目的是改变过去行政化的行业协会商会管理体制，明确政府和行业协会商会的权力、利益边界，使市场在资源配置中起决定性作用，促进和引导行业协会商会自主运行、有序竞争、优化发展，从而更好地参与国家治理。

坚持党的领导和行业协会商会依法自治的有机统一，是指在坚持和强化党的领导的原则之下，既要充分发挥党的政治核心作用和党组织的战斗堡垒作用，又要保持行业协会商会参与国家治理体系现代化过程中的自主性和相对独立性。在加强政治引导和监管的情况下，简政放权，积极培育扶持行业

[①] 最高人民法院和全国工商联联合印发《关于发挥商会调解优势推进民营经济领域多元化解机制建设的意见》[N]. 中华工商时报，2019 - 01 - 28（02）.

协会商会，不干预行业协会商会独立自主地开展业务，从而实现党建与行业协会商会的发展相统一。以党建引领会建，让党建成为行业协会商会参与国家治理的引领者和助推器；以会建促进党建，使党组织因引领行业协会商会参与国家治理体系现代化而更具活力，实现党建与会建的"双赢"。

（三）应对挑战，把握变化，赋权赋能，帮助行业协会商会更好地参与国家治理

按照党章的要求，社会组织中党的基层组织，肩负着"宣传和执行党的路线、方针、政策，领导工会、共青团等群团组织，教育管理党员，引领服务群众，推动事业发展"的任务①。在行业协会商会党建过程中，既要遵守党建的一般组织原则，完成党章中规定的社会组织中党的基层组织肩负的任务，更要针对行业协会商会党建工作的特殊性，找准党建工作和行业协会商会发展融合的契合点，健全完善行业协会商会党建工作和业务工作融合发展的机制体制并创新行业协会商会党建工作形式和方法，帮助行业协会商会更好地发展。

在国家治理体系现代化的背景下，党建工作和行业协会商会发展融合的契合点就是行业协会商会参与治理。20世纪90年代以来在公共管理研究领域出现的多中心治理理论认为单一依靠政府或市场来管理公共事务会导致政府失灵或市场失灵的问题，因此需要引入政府和市场两个中心以外的社会组织作为参与治理的新主体，建立政府、市场和社会三维框架下的"多中心"的治理模式，以实现有效治理②。作为重要的治理主体，行业协会商会在参与治理方面扮演着重要角色，既能在预防和调解矛盾纠纷、监督行业安全生产等方面辅助党委和政府管理社会，也可在承接政府部分职能转移与购买服务、参与社会公益事业等方面与政府合作，还能在推进行业诚信自律、参与生态环境治理等方面发挥补充性作用。在国家治理体系现代化背景下，行业

① 中国共产党章程［M］. 北京：人民出版社，2022：25 – 26.
② 汪锦军. 公共服务中的政府与非营利组织合作：三种模式分析［J］. 中国行政管理，2009 (10)；埃莉诺·奥斯特罗姆. 公共服务的制度建构［M］. 宋全喜，任睿译. 上海：上海三联书店，2000.

协会商会在市场治理领域以及社会治理等其他治理领域将会扮演更加多元化的角色并且发挥更重要的作用，从而对行业协会商会参与国家治理能力提出了更高的要求和挑战。

这些挑战的出现，一方面说明加强行业协会商会党建工作的重要性，另一方面也对行业协会商会党建提出了新的挑战和要求。面对挑战，党组织要迎难而上。党组织应将国家治理体系和治理能力现代化的科学理念融入行业协会商会党建之中，将党建与行业协会商会参与国家治理相衔接，以党建促进行业协会商会在参与国家治理体系现代化进程中更有效地发挥作用。党组织应充分认识到行业协会商会在国家治理体系现代化进程中的多元化角色，同时赋权赋能于行业协会商会以增强其参与国家治理的能力。面对不断出现的新情况、新问题，党组织应根据不同行业协会商会的特点，分类指导，帮助行业协会商会制定工作的基本思路和具体方案等；应不断创新和优化自身为行业协会商会服务的功能，提高服务效能，体现党组织对行业协会商会自身发展以及对其参与国家治理体系现代化进程的重要性和优越性。

（四）后双重管理体制时代加强行业协会商会党建监管，坚持"脱钩不脱管"

行业协会商会直接登记制度的推行更需要把党建工作要求贯穿行业协会商会登记和管理全过程。在行业协会商会等社会组织的登记管理立法中要进一步明确党建工作要求，民政部门在对新行业协会商会的设立进行登记审查时，应严把登记入口关。在对其成立必要性、发起人代表性、会员广泛性、运作可行性进行审核时特别关注对其党建工作情况的审核，对党建工作不符合要求的行业协会商会登记申请一票否决，对符合要求的行业协会商会在登记时同步采集党员信息。在行业协会商会日常监管中加强党建工作检查，比如在年检年报、评估、政府购买行业协会商会服务、行业协会商会承接政府职能转移等事项中把党建工作纳入考核评估内容，或加大考核评估比例，完善考核评估机制，以提高行业协会商会对党建工作的重视程度和完成质量。

按照 2015 年《行业协会商会与行政机关脱钩总体方案》要求，行业协会商会与行政机关在机构、职能、资产、人员、党建方面要做到"五分离"，但同时还要做到"五规范"。以后应加强"五规范"特别是加强党建监管。2019 年，国家发展改革委、民政部等十部门发布的《关于全面推开行业协会商会与行政机关脱钩改革的实施意见》也强调脱钩后要全面加强行业协会商会党建工作。所以，对脱钩过程中和脱钩后行业协会商会的党建工作应做到脱钩不脱管。不仅不能脱管，还要加强监管，避免因脱钩而使党建监管出现真空。

为了加强行业协会商会党建监管，应给予各地社会组织综合党委或行业协会商会综合党委足够的经费支持，并且足量配备党建专职人员，加强党建人才培养。各地社会组织综合党委或行业协会商会综合党委应积极发挥作用，统筹本地暂时未脱钩的行业协会商会、脱钩后的行业协会商会、直接登记的行业协会商会的党的建设工作。应会同有关部门形成合力，加强对各类行业协会商会党建工作指导和管理的力度；应逐步积累行业协会商会党建工作指导和管理经验，提升行业协会商会党建管理工作专业化、科学化水平；应确保脱钩过程中和脱钩后党建工作不间断、党组织作用不削弱，以党建提升行业协会商会在国家治理体系现代化中发挥作用的能力。

第四节　结语

在国家治理体系现代化进程中，党建对行业协会商会发挥作用的前置机制是党组织和党的工作的有效覆盖。党组织和党的工作的有效覆盖的决定性因素是后双重管理体制时代在行业协会商会加强党的领导的需求和举措，能动性因素则是行业协会商会开展党建的积极性。推进国家治理体系和治理能力现代化必须要加强党的领导，行业协会商会是国家治理体系现代化的重要治理主体，如何让行业协会商会在党的领导下更有效地参与治理日益受到重视。直接登记制度、行业协会商会与行政机关脱钩、允许"一业一地多会"政策实施之后，行业协会商会出现新的治理失灵，严重影响行业协会商会在参与国家治理体系现代化进程中作用的发挥。在后双重管理体制时代，政府行政权力在行业协会商会的退出给行业协会商会的监管带来困难，党建在行业协会商会的积极推进则填补了这个政治管理的真空地带。行业协会商会对党的非对称性资源依赖构成行业协会商会积极参与党建的能动诱因。党组织与行业协会商会的积极良性互动最终促成党组织和党的工作在行业协会商会的有效覆盖，这是党建对行业协会商会参与国家治理体系现代化发挥作用的基础。应当指出的是，党组织与行业协会商会的互动是不均等的，党在其中起着主导作用，同时，行业协会商会也在党建过程中积极主动地不断调适其与党组织的关系。

党建对行业协会商会发挥作用的具体机制包括政治引领机制、价值引导机制、资源激励机制、治理支持机制和运行监督机制。在国家治理体系现代化进程中，党建激发行业协会商会参与治理的内生动力、提升行业协会商会参与治理的合法性、引领行业协会商会治理正确方向和助推行业协会商会组织能力提升，从而促进行业协会商会治理能力的提升，使行业协会商会在政会合作、参与市场治理与社会治理中更好地发挥作用，从而提升行业协会商会在国家治理体系现代化进程中的治理绩效和竞争实力。

本研究的理论贡献在于对行业协会商会党建研究做了一定的补充和拓展。其一，目前缺乏系统研究党建对行业协会商会参与国家治理体系现代化作用的文献，本研究对党建对于行业协会商会参与国家治理体系现代化所发挥的作用的探讨弥补了这个不足。其二，提出党建对行业协会商会参与国家治理体系现代化发挥作用的前置机制是党组织和党的工作的有效覆盖，党组织和党的工作的有效覆盖的决定性因素是后双重管理体制时代在行业协会商会加强党的领导的要求和举措，能动性因素则是行业协会商会开展党建的积极性。已有行业协会商会党建研究更多关注党组织在行业协会商会的嵌入和活动对党的作用发挥的意义，却忽视行业协会商会的能动配合对党的作用发挥的意义，本研究对行业协会商会党建研究视角做了一定程度的拓展。其三，本研究对党建对行业协会商会参与国家治理体系现代化的作用实现机制和实际作用进行了系统梳理和总结，弥补有关研究之荒疏。

从本研究中可以得出以下启示：一方面，党建对行业协会商会参与国家治理体系现代化发挥巨大作用，要使党建更好地引领行业协会商会发挥作用，必须要坚持和强化党的领导，坚持党的领导和行业协会商会依法自治有机统一，应对挑战，把握变化，赋权赋能、帮助行业协会商会更好地参与国家治理，同时在当下后双重管理体制时代应加强对行业协会商会的党建监管。另一方面，参与国家治理体系现代化对于行业协会商会来说，既是挑战，更是机遇。基于党建对行业协会商会参与国家治理体系现代化发挥巨大作用的事实，行业协会商会应抓住后双重管理体制时代在行业协会商会加强党的建设的契机，积极主动开展党建，加强党会互动，拓展资源汲取渠道，加强自身能力建设，促进自身在参与国家治理体系现代化进程中发挥更大作用。

需要指出的是，本研究未来还需用大样本数据进一步进行实证的验证。另外，我们只是对党建对行业协会商会参与国家治理体系现代化的作用进行初步研究，书中的有关结论有待进一步细化和检验。

国家治理体系现代化视角下行业协会商会在政会关系重构中的作用

  政府与社会组织关系的重塑是国家治理体系现代化建设的重要组成部分。根据民政部的统计，行业性社团从 2005 年起已经成为我国第一大类社会组织，在各类社会团体中数量最多、增速最快。并且，行业协会商会作为被政府优先培育、发展最为充分的社会组织，在市场经济建设和社会治理中扮演重要角色①。因此，政府与行业协会商会关系的重塑是政府与社会组织关系重塑的重要组成部分。

  改革开放以来，伴随着经济市场化和社会自治化程度的加深，行业协会商会迅速发展，在为政府提供咨询、服务企业发展、加强行业自律、创新社会治理等方面发挥了积极作用，逐渐成为推动我国经济与社会发展的重要力量。但与此同时，受身份定位、创建方式、管理体制等因素的影响，行业协会商会还难以实现充分的依法自治②，部分行业协会商会仍然存在行政色彩浓、管办一体、治理结构不健全等问题，难以发挥应有作用。为促进行业协会商会的依法自治和功能发挥、厘清政府与行业协会商会的职能边界、完善监管，党的十八大提出要构建"政社分开、权责明确、依法自治"的现代社会组织体制。2015 年 7 月，中共中央办公厅、国务院办公厅印发《行业协会商会与行政机关脱钩总体方案》，随后开始了以政会"五分离""五规范"为主要内容的新一轮脱钩改革。截至 2021 年 10 月，行业协会商会与行政机

---

  ① 郁建兴. 改革开放 40 年中国行业协会商会发展 [J]. 行政论坛，2018（6）.

  ② 周俊. 行业协会商会的自治权与依法自治 [J]. 中共浙江省委党校学报，2014（5）.

关脱钩改革基本完成，7.11 万家行业协会商会实现脱钩①。在绝大多数行业协会商会与政府实现全面分离的过程中，新的政会关系格局逐渐形成。

脱钩改革是政会关系的一次深刻调整，是党的十八大以来全面深化改革，推进国家治理体系现代化的一项重要举措。它导致行业协会商会的资源环境和收入结构发生重大变化。在新政会关系中，行业协会商会不但不再依附于行政机关，并且需要接受新的规范管理，这意味着行业协会商会必须改变组织治理以与新环境相适应。那么，在政会脱钩的背景下，行业协会商会为适应新型政会关系将如何实现转型发展？行业协会商会在政会关系重构中如何发挥作用？本章将以脱钩后 S 市 A 区行业协会商会为研究对象就此进行探讨。

本章分为两节，第一节探讨新型政会关系中行业协会商会组织转型的过程模型。主要是采用扎根理论方法，以 S 市 A 区行业协会商会为研究对象，分析行业协会商会在政会脱钩的背景下，为适应新型政会关系开展组织转型的动因、路径、举措和结果，并尝试建立行业协会商会组织转型的过程模型。

第二节探讨新型政会关系中行业协会商会组织转型的模式与挑战。主要是基于资源依赖理论，对脱钩改革后 S 市 A 区行业协会商会转型发展的三种模式进行研究并分析三种转型发展模式中的行业协会商会存在的共同问题，最后对行业协会商会的成功转型提出建议。

第一节　新型政会关系中行业协会商会组织转型的过程模型

新一轮脱钩改革带来政会关系变化，促使行业协会商会进行组织转型。实践表明，部分行业协会商会及时走上了组织转型之路，并因此获得新的发展机遇。那么，这些行业协会商会的组织转型是如何发生的？行业协会商会为实现组织转型采取了哪些举措？组织转型带来了哪些变化？当前对行业协

---

① 民政部关于印发《"十四五"社会组织发展规划》的通知。

会商会的研究主要关注脱钩改革后行业协会商会面临的困境①和异化风险②等内容，尚未讨论行业协会商会的组织转型过程。有鉴于此，本部分以 S 市 A 区行业协会商会为研究对象，基于扎根理论方法，利用 Nvivo 质性分析软件，分析行业协会商会为适应新型政会关系开展组织转型的动因、路径、举措和结果，并尝试建立行业协会商会组织转型的过程模型，以期为行业协会商会适应新环境、有效开展组织变革提供理论指导。

一、文献回顾

组织转型是指组织由一种发展模式向另一种发展模式转变的过程③，是一种全面而彻底的变革④。组织转型理论能够为理解行业协会商会的组织转型提供有益借鉴，下面对该理论中与本研究相关的四方面内容进行简要综述。

一是组织转型动因。内外部因素都可能促使组织进行转型发展，相比较而言，组织转型更多起因于市场⑤、技术和政治等外部环境变化。比如，依罗·科维奇（Era Kovic）和威尔逊（Wilson）对新西兰五个国有企业组织变革的分析发现，"突然"的政府改革政策、组织市场地位的变动、快速的技术创新等是企业彻底改变的重要动因⑥；汤森（Townsend）认为，企业需要建立具有灵活性和适应性的组织结构以应对信息技术挑战⑦。组织转型的内

---

① 倪咸林. 行业协会商会脱钩后完善内部治理研究 ［J］. 行政管理改革，2016（10）.

② 沈永东，宋晓清. 新一轮行业协会商会与行政机关脱钩改革的风险及其防范 ［J］. 中共浙江省委党校学报，2016（2）；宋晓清. 谨防行业协会商会与行政机关脱钩过程中的三种风险 ［J］. 中国社会组织，2015（21）.

③ 周文辉，王昶，周依芳. 瓶颈突破、行动学习与转型能力——基于三家内向型中小制造企业的转型案例研究 ［J］. 南开管理评论，2015（2）.

④ 学界通常将"组织转型"与"组织变革"混合使用，本研究对两者不进行区分，统一使用"组织转型"这一概念.

⑤ 张耀辉，齐玮娜. 互联网背景下专业镇企业的转型机制、障碍及破解研究——兼对揭阳军埔"淘宝村"跨行业转型案例分析 ［J］. 产经评论，2015（4）.

⑥ Era Kovic L., Wilson M. G. Conditions of Radical Transformation in State ［J］. British Journal of Management，2010，16（4）：293–313.

⑦ Townsend A. M., Demarie S. M., Hendrickson A. R. Information Technology, Unions, and the New Organization：Challenges and Opportunities for Union Survival ［J］. Journal of Labor Research，2001，22（2）：275–286.

部因素主要包括组织所面临的绩效压力、利益、价值观、权力依赖、行动能力①、企业资源和能力的非优化②等。

二是组织转型过程。国外学者提出了组织转型的三阶段③（解冻阶段、变革阶段、再冻结阶段）、五阶段④（分析与计划、传达、获得新举措的认同、从现状转变为理想状态、巩固与制度化新举措）和八阶段⑤（树立危机意识、建立指导团、勾画远景、宣传远景、对各部门进行授权、规划短期目标、巩固转型成果、将转型举措制度化）理论。国内学者也提出了多种组织转型阶段论，比如，钱勇和曹志来以资源型国有企业为研究对象，构建了以组织嵌入机制互动与状态转换为核心的组织转型过程模型⑥，即认为组织以外部环境因素为转型推动力时，转型速度较快；通过政治、文化、经济三种嵌入机制之间互动打破组织转型力场平衡时，组织转型较慢；欧阳桃花等在组织认知和组织行动的双重视角下，以百度公司的两次战略转型为例，探讨了能力重塑如何推动企业战略转型⑦。

三是组织转型内容或举措。企业转型内容或举措受转型动因的影响，如果是组织内生性转型，那么，转型内容更多是通过组织、人力资源管理、企业文化、企业生产运作模式等的转变来提升自身能力；如果是外生性转型，那么更多的是行业转型⑧。嵇毅和鲁煜霖提出了一个综合性的分析框架，认为企业转型包括战略与远景转型、组织结构转型、产品与市场转型、业务流

---

① Hinings R. G. R. Understanding Radical Organizational Change: Bringing Together the Old and the New Institutionalism [J]. The Academy of Management Review, 1996, 21 (4): 1022 - 1054.

② 王吉发，冯晋，李汉铃. 企业转型的内涵研究 [J]. 统计与决策，2006 (2).

③ Lewin K. Frontiers in Group Dynamics [J]. Human Relations, 1947, 1 (2): 5 - 41.

④ Judson A. S. Changing Behavior in Organizations: Minimizing Resistance to Change [J]. Cambridge: Basil Blackwell, 1991.

⑤ Kotter J. P. Leading Change: Why Transformation Efforts Fail [J]. IEEE Engineering Management Review, 2007, 37 (3): 42 - 48.

⑥ 钱勇，曹志来. 从脱嵌入到再嵌入：企业组织转型的过程——基于铁煤集团主辅分离改革的案例分析 [J]. 管理世界，2011 (6).

⑦ 欧阳桃花，曾德麟，崔争艳. 基于能力重塑的互联网企业战略转型研究：百度案例 [J]. 管理学报，2016 (12).

⑧ 王吉发，冯晋，李汉铃. 企业转型的内涵研究 [J]. 统计与决策，2006 (2).

程转型、企业文化转型等①。

四是组织转型结果。组织转型通常能够带来双重影响：一方面，组织转型能够帮助组织升级发展。对此，常路等在对国有外贸服务企业的研究中发现，组织变革帮助企业实现了业务方式、经营模式、组织结构和战略方向的转型升级②。丘海雄和龚嘉明在对新闻传媒集团组织转型的研究中发现，组织通过转型实现了组织性质、形态、管理和功能等方面的变化，提高了市场地位③。另一方面，组织转型也可能给组织带来消极影响。吉尔默（Gilmore）等的研究发现，组织文化转型在提高组织生产率、员工冒险精神的同时降低了组织承诺、员工士气④。

与企业相区别，行业协会商会属于非营利性组织，受市场环境影响较小，受政会关系影响较大，不但如此，行业协会商会通常规模较小、资源不足，组织转型面临的约束较多。基于企业的组织转型理论是否能够适用于解释行业协会商会转型，还有待检验。因此，非常有必要基于实践发展，总结提炼行业协会商会组织转型的阶段动因、内容和结果，构建一种适用于行业协会商会的组织转型过程模型，以为脱钩后行业协会商会的转型发展提供理论指导。

二、研究设计与编码过程

（一）研究设计

1. 研究方法。现有研究尚未从微观层面关注脱钩后行业协会商会的组织转型过程，同时也缺乏成熟的理论模型来进行解释。作为一种自下而上建构

---

① 嵇毅，鲁煜霖. 从企业能力理论谈 B2B 电子商务模式的转型策略 [J]. 商业经济研究，2015（23）.

② 常路，符正平. 数字经济转型下传统企业的双平台战略与组织变革——以广新集团为例 [J]. 企业经济，2019（9）.

③ 丘海雄，龚嘉明. 多重制度约束下的传媒组织转型——以 M 市新闻传媒集团为例 [J]. 广东社会科学，2010（6）.

④ Gilmore T. N. Side Effects of Corporate Cultural Transformations [J]. The Journal of Applied Behavioral Science，1997，33（2）：174 – 189.

理论的过程，扎根理论最早由格拉泽和施特劳斯两位学者于 1967 年提出①，基本宗旨是在经验资料的基础上形成新的概念或思想，比较适用于现有理论体系不完善、难以有效解释实践现象的领域②，符合本部分的研究情况。

2. 数据来源。

（1）研究对象的选取。本部分选取上海市 A 区 11 家行业协会商会作为研究对象。A 区是上海市改革创新的前沿领地，在社会组织改革创新方面成效显著。《行业协会商会与行政机关脱钩总体方案》出台后，A 区积极推进脱钩改革，在两批次脱钩试点工作后基本完成全区行业协会商会的脱钩工作。本部分研究对象的选取主要基于两方面原因：一方面是为全面获取 A 区行业协会商会组织转型的经验材料。A 区民政部门推荐了多家行业协会商会供访谈。在访谈中，我们发现这 11 家行业协会商会具有较强的脱钩意愿，且都为适应脱钩后的发展采取了转型措施，对组织进行了再造，这为本研究提供了较为丰富的案例材料；另一方面是因为这 11 家行业协会商会具有一定的代表性。从登记情况看，11 家行业协会商会中有 5 家接受双重管理，有业务主管单位，6 家是直接登记，无业务主管单位；从组织类型来看，5 家为联合型协会商会，6 家为行业性协会商会。

（2）研究数据的收集。我们于 2017 年 5~9 月先后对上海市 A 区 11 家行业协会商会的 15 名工作人员进行了深度访谈，于 2019 年 7 月对相同人员进行了跟踪访谈。接受访谈的均为行业协会商会的主要负责人或核心成员（见表 3-1），每次访谈时长从 40 分钟到 105 分钟不等。从组织转型理论看，行业协会商会组织转型过程模型应充分考虑组织转型的动因、转型的内容和结果，以及转型的阶段性特征。因此，除了解行业协会商会的基本情况外，访谈的内容主要围绕这些方面进行。除了通过访谈获取的一手资料外，我们还收集了行业协会商会内部刊物、协会章程、活动记录等二手资料，并参加了 A 区举办的推进脱钩改革的座谈会和培训会，在会议中听取和记录协会的脱钩工作进展和组织变化。在资料收集工作结束后，我们及时对录音资料进

---

① Glaser B., Strauss A. L. The Discovery of Grounded Theory. Strategies for Qualitative Research [J]. 1968, 17（4）：377-380.

② 李志刚. 扎根理论方法在科学研究中的运用分析 [J]. 东方论坛, 2007（4）.

行了文字转化，对所有文字资料进行了整理分析，最终形成文本资料共计八万五千多字。根据扎根理论的方法要求，我们随机选择了其中 2/3 的文本资料用于编码分析，另外 1/3 的文本资料用于理论饱和度检验。

表 3 - 1   访谈对象情况一览表

编号	受访人	组织身份	访谈时长（分钟）	所属组织	组织类型	登记类型
1	AT	副会长	90	A	联合性	双重管理
2	BH	秘书长	60	B	行业性	双重管理
3	BZ	副秘书长	60			
4	CX	秘书长助理	40	C	行业性	双重管理
5	DY	办公室主任	60	D	联合性	双重管理
6	EB	会长	90	E	联合性	双重管理
7	EL	秘书长	50			
8	FY	秘书长助理（办公室主任）	90	F	行业性	直接登记
9	GL	秘书长（常务副会长）	60	G	行业性	直接登记
10	GC	会长	90			
11	HC	秘书长	60	H	行业性	直接登记
12	IT	秘书长	105	I	行业性	直接登记
13	JY	秘书长（常务副会长）	90	J	联合性	直接登记
14	JW	协会主要成员（前秘书长）				
15	KF	秘书长	75	K	联合性	直接登记

资料来源：作者根据调研资料整理。

（二）编码程序

本部分利用 Nvivo10 进行三级编码，过程如下：首先，将前期收集到的 11 家行业协会商会的访谈资料导入 Nvivo10 中；其次，通过浏览编码的方式逐一对每一家行业协会商会的访谈资料进行开放性编码，建立自由节点；再次，通过对自由节点进行二级编码，建立树节点；最后，对树节点进行选择性编码，形成范畴①。

---

① 姜雅婷，柴国荣. 安全生产问责制度的发展脉络与演进逻辑——基于 169 份政策文本的内容分析（2001 - 2015）[J]. 中国行政管理，2017（5）.

1. 开放性编码。开放性编码是进行资料分析的第一步。通过不断比较、分析与讨论，在开放性编码阶段共形成 54 个初始概念（54 个节点，233 个参考点）。根据概念的属性将相似的概念进行分类与组合，最终将其归于不同的范畴下，共形成 27 个范畴（见表 3-2）。

表 3-2　　　　　　　　　　开放性编码范畴及概念

范畴	［初始概念］［样本码示例］［参考点数］
A01 参与脱钩会议	［动员大会］［2］［6］、［脱钩会议］［11］［5］
A02 进入脱钩名单	［脱钩名单］［5］［5］、［按要求修改］［9］［3］
A03 场地压力	［场地租金压力］［13］［3］、［场地面积减小］［9］［3］
A04 收入减少	［收入来源减少］［3］［9］、［下拨经费减少］［3］［6］
A05 业务减少	［无直接委托项目］［13］［5］、［承接项目减少］［3］［4］
A06 人员紧缺	［人员流动率高］［7］［7］、［专业人员招聘难］［3］［6］
A07 专业机构咨询	［专家顾问团队］［15］［2］、［第三方律师团队］［13］［1］
A08 政府咨询	［退下来的政府人员］［15］［2］
A09 公司咨询	［邀请公司人员演讲］［12］［3］、［聘请资深企业服务顾问］［15］［2］
A10 高校咨询	［邀请大学教授演讲］［12］［2］、［邀请大学教授参会］［8］［4］
A11 内部发展计划	［组织评优计划］［14］［4］、［会费管理计划］［7］［3］
A12 外部发展计划	［战略合作机制计划］［7］［3］、［运营模式计划］［15］［2］、［项目合作调研计划］［7］［4］、［发展方向计划］［13］［5］
A13 内部财务监督	［内部财务监督］［2］［5］、［建立详细财务档案］［1］［5］
A14 第三方财务审查	［与第三方财务公司合作］［8］［1］、［第三方的财务审查］［11］［2］
A15 完善监事会	［设立一名监事］［2］［7］、［监事职责专门化］［13］［8］
A16 完善理事会	［调整理事会人员数量］［6］［5］、［规范管理理事会］［13］［6］
A17 完善会员代表大会	［规范会员代表大会］［1］［2］
A18 完善党组织	［独立党支部］［2］［2］、［活动性党支部］［11］［1］
A19 完善秘书处	［职权减弱］［13］［2］、［人员专职］［8］［6］
A20 创新制度	［创立党员评议制度］［1］［3］、［创新换届制度］［15］［3］
A21 规范制度	［规范投票方式］［12］［4］、［调整协会章程］［8］［9］
A22 人员结构年轻化	［脱离"老同志"］［13］［12］、［增加新成员］［13］［5］
A23 人员设立独立化	［独立的财会人员］［13］［8］、［独立的监督人员］［11］［6］
A24 人员职责专门化	［专门的监事人员］［13］［5］、［人员流动正常］［8］［7］
A25 人员变化加快	［人员流动正常］［15］［3］、［人员来源多样］［13］［6］

范畴	［初始概念］［样本码示例］［参考点数］
A26 创新服务方式	［专家组深入指导］［13］［4］、［利用新媒体］［7］［3］
A27 满足多元化服务需求	［紧跟新增需求］［13］［2］、［提供个性化服务］［15］［2］

注：［参考点数］是指编码过程中这一初始概念参考节点出现的次数。
资料来源：作者根据调研资料整理。

    2. 主轴编码。主轴编码是对由开放性编码所形成的概念类属进行联结，以表现资料中各个部分之间的有机联系。依据主轴编码的要求，本部分通过对开放性编码中所形成的 27 个范畴作进一步分析，对范畴之间的关系进行重新整合，最终形成了 9 个与研究主题相关的主范畴（见表 3 - 3）。

表 3 - 3 主轴编码结果

主范畴（M）	副范畴	范畴内涵
M01 政策变化	参与脱钩会议	协会参与脱钩动员大会
	进入脱钩名单	进入脱钩名单是协会确定参与脱钩改革的标志
M02 资源困境	场地压力	协会商会面临场地困境，租金压力大
	收入减少	协会商会面临收入来源减少，下拨经费减少的困境
	业务减少	协会商会面临原有承接项目减少、无委托项目的困境
	人员紧缺	协会商会面临人员空缺，招聘困难
M03 咨询外部专家	专业机构咨询	协会商会向第三方专业机构进行咨询
	政府咨询	协会商会邀请政府人员进行指导
	公司咨询	协会商会邀请企业顾问进行指导
	高校咨询	协会商会聘请大学教授作为咨询顾问
M04 制定发展计划	内部发展计划	涉及协会内部治理的相关计划
	外部发展计划	涉及协会战略合作、运营模式等方面的计划
M05 进行财务审查	内部财务监督	设置监督人员、细化财务档案管理
	第三方财务审查	通过与第三方财务机构合作进行财务审查
M06 结构规范	完善监事会	设立监事并规定监事职责
	完善理事会	规范理事会成员数量与管理机制
	完善会员代表大会	规范会员代表大会议程
	完善党组织	按规定建立党组织
	完善秘书处	秘书处职权规范与人员专职

续表

主范畴（M）	副范畴	范畴内涵
M07 制度完备	创新制度	创新协会内部管理制度
	规范制度	按照政策规范协会章程与管理制度
M08 人员专业	人员结构年轻化	协会招聘年轻工作人员
	人员设立独立化	协会设立独立的人员
	人员职责专门化	协会明确规定人员职责
	人员变化加快	协会人员流动率加快
M09 服务精细	创新服务方式	利用新媒体等方式服务会员
	满足多元化服务需求	为会员提供多元定制化服务

资料来源：作者根据调研资料整理。

3. 选择性编码与模型构建。选择性编码是指依据一定的原则选择核心范畴，系统地将范畴进行关联，对其间的关系进行验证，并把概念化尚未发展完备的范畴补充完整的过程。通过对 9 个主范畴进行联系、比较，归纳出本研究的核心范畴是"新型政会关系中行业协会商会的组织转型过程"。围绕核心范畴的故事线为：首先，脱钩改革带来的政策变化和资源困境是促使行业协会商会组织转型的主要动因。政策变化主要体现在脱钩政策对行业协会商会提出了新要求，资源困境主要体现为脱钩后行业协会商会在资金、业务、场地、人员等方面所面临的困境；其次，受政策变化、资源困境两方面因素的驱动，行业协会商会采取咨询外部专家、制定发展规划、进行财务审查三大举措来实现组织转型；最后，经过组织转型过程，行业协会商会实现了结构规范、制度完备、人员专业、服务精细四个方面的变化与发展（见图 3 - 1）。

4. 理论饱和度检验。根据扎根理论，类属饱和的条件是收集的资料数据不再能产生新的理论见解，也不再能揭示核心理论类属新的属性[1]。将提前预留的 1/3 访谈资料用于理论模型的饱和度检验，即按照开放性编码、主轴编码和选择性编码的顺序再次进行分析，所得结果与前面结论基本一致，仍然符合"新型政会关系中行业协会商会转型发展过程"这一典型关系，没有

---

[1]　凯西·卡麦兹. 建构扎根理论 [M]. 重庆：重庆大学出版社，2009：144.

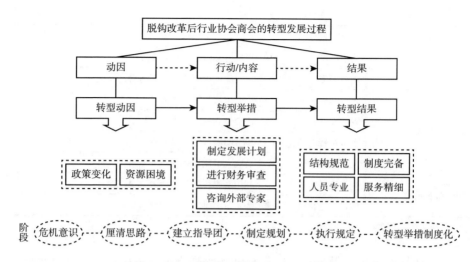

图 3-1 行业协会商会组织转型过程模型

新的范畴和概念产生。据此，可以认为本部分研究所建立的理论模型基本饱和。

三、研究结果与理论阐释

（一）行业协会商会组织转型的六个阶段

扎根分析结果显示，行业协会商会组织转型始于政策变化和资源困境所带来的危机意识。在意识到脱钩改革带来的组织变革不可避免的时候，行业协会商会负责人开始对组织发展进行全面考虑，并采取咨询外部专家、制定发展计划、进行财务审查等措施推动组织变革，以适应环境变化。这些措施的落实结果便是行业协会商会在一定程度上改变了过去的办会模式，实现了转型发展。行业协会商会的组织转型过程可以划分为"危机意识—厘清思路—建立指导团—制定规划—执行规定—将转型举措制度化"六个阶段。这一转型过程与其他类型组织的转型过程基本相同，主要区别在于行业协会商会在转型过程中没有明显的获取认同阶段、向部门授权阶段。这可能与行业协会商会的组织规模较小、工作人员数量少有关。A区被调查的11家行业协会商会的平均工作人员数量不足5人，基本上都没有部门分工。在这种情况下，不存在获取认同、授权的必要性。

（二）行业协会商会组织转型的两大动因

通过扎根分析发现，政策变化与资源困境是推动脱钩改革后行业协会商会转型发展的两个重要动因，这与行业协会商会独特的生成路径和管理体制密切相关。行业协会商会多由政府机构转制而来，即使是市场内生的行业协会商会，在社会组织直接登记制度实施和脱钩改革之前，也接受政府的"双重管理"，具有较强的政治依附性。在政会关系中，政府总体上处于主导性地位。

一是政策变化。政策变化之所以对行业协会商会产生重要影响，一方面是因为行业协会商会有获取合法性的需求；另一方面是因为自上而下的政策执行强有力地将行业协会商会卷入脱钩改革。从合法性的角度看，任何组织的生存和发展都离不开合法性。斯科特（Scott）将组织合法性划分为规制合法性、规范合法性与认知合法性，其中规制合法性与政府规制、法律规制紧密相联，通常来源于政府部门、权力机构制定的政策和规则[1]。对我国社会团体的研究认为，社会团体应该具备法律合法性，而法律合法性是社会、行政和政治三种合法性的整合[2]。政会脱钩改革对行业协会商会与行政机关的关系进行了大幅度调整，在机构、职能、财务等方面改变了对行业协会商会的政策要求。因而，为获取法律合法性，行业协会商会必然要依据新政策进行相应的组织变革。

从政策执行的角度看，为贯彻落实《行业协会商会与行政机关脱钩总体方案》和上海市关于政会脱钩的安排，A 区制定出台了本区的脱钩方案，并将其作为工作重点，要求民政部门加紧推进政策落实，以与全国和上海市的整体改革进程同步。A 区民政部门通过召开动员会、座谈会、委托第三方督导检查等多种方式执行政策，力求政策有效落地。作为脱钩政策的目标群体，列入试点名单的行业协会商会被要求进行五方面分离改革，并进行组织

---

① Scott W. R. Organizations and Institutions [J]. Research in the Sociology of Organizations, 1995, 2 (5): 44 – 45.

② 高丙中. 社会团体的合法性问题 [J]. 中国社会科学, 2000 (2).

变革的书面报告。这种自上而下的推动使行业协会商会的组织转型成为一种不得不开展的工作。

二是资源困境。资源依赖理论表明，为了获取自身发展所需的资源，组织必须与环境中的各种因素进行互动①。脱钩改革在改变政会关系的同时，也改变了行业协会商会的资源状况。对 A 区的调研发现，脱钩后的行业协会商会普遍面临资金、人员、场地、业务四个方面的困境。这主要是因为大多数行业协会商会最初是由政府创建或支持创建，其后又主要以协助政府开展工作为主要职能和经费来源，脱钩后政府直接向行业协会商会注入资源已经不再可能。虽然政策规定政府可以通过购买服务的方式与行业协会商会建立职能关系，但在缺乏实践经验、政会分离初步完成的情况下，政会职能关系还没有完全厘清，政府向行业协会商会转移职能和购买服务项目有限，这直接导致协会的经费减少。与此同时，受机构、人员分离的影响，政府不再向行业协会商会提供办公场所或房租补贴，党政机关在职公务人员不得在行业协会商会兼职，因此行业协会商会必须自己解决场地和人员问题，相关费用极大增加。一方面来自政府的业务和经费减少，另一方面办会成本上升，使行业协会商会难以避免地陷入了资源困境。

（三）行业协会商会组织转型的三大举措

扎根分析发现，在政策变化与资源困境的双重驱动下，行业协会商会为实现组织转型主要采取了三方面措施——咨询外部专家、制定发展计划、进行财务审查。

一是咨询外部专家。咨询外部专家是指行业协会商会向政府、企业、高校等外部机构中的专家进行咨询，以获取行业协会商会发展的指导性意见。我国绝大多数行业协会商会在治理方式、业务能力等方面存在不足，并因此在市场化、专业化运作方面存在较大困难②，也使政府在转移职能、委托服

---

① Pfeffer J. , Salancik G. R. The External Control of Organizations：A Resource Dependence Perspective [J]. Social Science Electronic Publishing, 2003, 23 (2)：123 - 133.

② 景朝阳，李勇. 中国行业协会商会发展报告（2014）［M］. 北京：社会科学文献出版社，2015：56 - 70.

务项目时存在较大顾虑。不但如此，随着市场环境的复杂性和会员单位异质化的增强，行业协会商会在满足会员需求方面也面临专业性挑战。因此，行业协会商会实际上一直存在借用"外脑"的需求，而这一需求在脱钩后明显被放大。我们在调研中发现，脱钩后的行业协会商会为应对突如其来的冲击和挑战，都积极向外部专家进行咨询，不仅征求专家意见和建议，而且邀请专家进入行业协会商会开展培训、聘请专家们担任咨询顾问。如 K 协会为了给会员提供更加专业的智库服务，在将协会所掌握的专家资源与会员需求相匹配的基础上建立了专家库，并且聘请专家于每周三、周四与会员进行面对面的交流，以及时解决会员难题；J 协会和 F 协会分别委托律师事务所、税务局和高校的专家对协会的法务人员、财务人员进行培训。

二是制定发展计划。访谈材料显示，为应对资源变化，A 区大部分行业协会商会在脱钩后开始制定新的发展计划。在内部发展方面，部分行业协会商会制定了组织评优计划和会费管理计划。如 J 协会按照脱钩政策要求完善党建工作，以此为基础，协会在年度计划当中制定了党组织评优计划，并将此作为协会年度工作的重点；E 协会初步制定对会费的差异化管理计划，即随着协会评级和服务水平的提升，对会员和理事会成员实施差异化收费。在外部发展方面，E 协会脱钩后在明确差异化、国际化发展战略的前提下制定了项目调研计划、战略合作计划，并依计划成功筹集近千万元资金。

三是进行财务审查。脱钩后的行业协会商会无论是以政府还是以市场为主要经费来源，都面临一定的竞争性，因而规范财务管理成为其提高竞争力的一大途径。A 区部分行业协会商会在脱钩后开始进行财务的内部监督与外部审查。内部监督主要表现在协会更加注重财务制度建设，发挥监事的财务监督功能。调查显示，A 区 90% 的行业协会商会设立了独立的财务部门，配备了专职的财务工作人员，对监事的财务监督职责进行了规定。引入第三方机构进行财务审计也是 A 区大多数行业协会商会的选择，被访谈的 11 家行业协会商会都表示已经在进行财务审计或即将开展这一工作，他们认为财务审计是协会申请政府购买服务项目和与其他组织开展合作的重要依凭，是协会未来发展中不可缺失的工作。

行业协会商会为实现组织转型而采取的三方面举措，与黄（Hwang）和鲍威尔（Powell）所提出的"组织理性化"特征部分相似。黄和鲍威尔曾提出非营利组织理性化的四个维度：详细的战略计划（strategic planning）、独立的财务审计（independent financial audits）、量化的项目评估（quantitative program evaluation）以及设立外部咨询（consultant）①。因此，行业协会商会的组织转型在一定意义上可以看作行业协会商会追求组织理性化的过程。

但是，不难发现 A 区行业协会商会在理性化工具的应用方面还存在一些不足，主要表现在两方面：一是应用"不完整"，主要体现在"内部量化评估"措施仍处于缺位状态，A 区行业协会商会均没有引入量化的内部评估工具，甚至缺少评估和在近期内开展评估的考虑；二是应用"不充分"，主要体现为协会已经引入的三类举措均存在明显不足：已经制定的发展计划都较为粗略，缺乏可操作性的目标和具体实施方案；财务审计仅存在于少数协会中；大部分协会没有设立外部咨询顾问。

（四）行业协会商会组织转型的四方面成效

一是法人治理结构更加完善。完善法人治理结构不仅仅是《行业协会商会与行政机关脱钩总体方案》对脱钩后行业协会商会的要求之一，更是脱钩后行业协会商会发展的重要前提。A 区所有被调研的行业协会商会在脱钩后均按照政策要求设置和规范了会员（代表）大会、理事会、秘书处、监事会和党组织。

二是管理制度更加完备。脱钩的行业协会商会首先修改和完善了章程。A 区被调研的行业协会商会均对章程进行了调整，特别修改了表决制度。脱钩前，许多行业协会商会通过举手的方式进行表决，脱钩后，行业协会商会都以投票为主要表决方式。此外，A 区行业协会商会还进行了组织制度创新。例如，A 协会在脱钩后为完善党建工作，创立了党员评议制度；K 协会在进行人员脱钩的同时，创立了直选等换届制度。

三是工作人员专职化、专业化。脱钩后，为适应政策要求和外部挑战，多数行业协会商会对秘书处人员、财务人员进行了专职化建设，通过多种渠

---

① Hwang H. , Powell W. W. The Rationalization of Charity: The Influences of Professionalism in the Nonprofit Sector [J]. Administrative Science Quarterly, 2009, 54 (2): 268 – 298.

道招聘新员工，为协会注入"新鲜血液"，并且通过培训提高工作人员的专业水平。例如，J协会在脱钩后的第一次换届中将"领导班子专职化、年轻化、知识化"作为重要任务，并通过积极动员和开展培训，成功实现了协会主要负责人的年轻化、秘书长的专职化和工作人员的知识化。

四是会员服务更加多元化、精细化。服务会员既是行业协会商会的核心职能，又是其发展的"原动力"。在脱钩改革的推动下，行业协会商会深刻地认识到，只有主动贴近会员需求、解决会员问题，才可能有发展前景，并为此进行了多方面努力。其中比较典型的是K协会。为更好地服务会员，K协会创新性地推出了"量身定制式"会员服务模式，针对会员发展中的难点和痛点提供一对一的服务；与此同时，通过建立会员服务网站和微信公众号，加强协会与会员、会员间的及时联系，有效地提升了服务会员的效率。

（五）行业协会商会组织转型的不均衡

行业协会商会的组织转型存在明显的不均衡，部分行业协会商会采取的转型措施扎实有力，组织转型迅速而成功；部分受制于组织理性化过程的不足，尚未发生明显转变；少数则因丧失对行政机关的依附而陷入无力转型、生存堪忧的局面。

约1/3的行业协会商会通过及时采取措施较快地适应了脱钩改革后的新环境。K协会是其中的典范。脱钩改革一开始，面对制度环境与资源结构的变化，K协会积极向高校、企业和专业机构人员进行咨询，并对组织章程、管理制度、人事安排、服务内容和方式进行调整，在较短时间内实现了资源结构重组和管理模式更新，与政府、会员等建立起新型关系。K协会之所以能够成功转型，主要是因为协会秘书长从事协会工作20多年，具有丰富的管理经验，能够在变动环境中果敢地调整协会定位，带领协会进行整体转型。此外，K协会是A区主导性行业的协会，会员规模大，财力充足，整体实力较强，能够为转型发展提供充分资源。

近半数行业协会商会仍处于转型过程之中。受经费、人员等因素的限制，此类行业协会商会未能全面引入组织理性化工具，或者难以落实组织变革计划，无法快速实现组织的全面变革，并因此面临较大的发展困境。比如

I 协会，该协会在脱钩后虽对未来发展有一定设想，也制定了初步计划，但由于长期依附于政府，规划能力和财力都十分有限，大多计划比较笼统，缺乏具体实施方案，部分计划则因为资源不足而无法落地。一个典型的例子是，I 协会非常希望能够参加政府购买服务，但一直未能提出合适的项目设想，无法与行业主管部门达成共识；在越来越多的行业协会商会开展第三方审计的情况下，I 协会也想通过审计提高参与政府购买服务的竞争力，但至今却因为经费不足而没有启动此项工作。

少数行业协会商会尚未进入转型期。原来主要依赖行政资源生存，同时组织治理较薄弱的行业协会商会大多落在此种类型内。这些行业协会商会或认为自身一时不具备到市场中独立生存的能力，希望政府在理顺政会关系后能够继续给予帮扶，所以几乎不主动采取措施对组织进行变革；或在急剧的环境变化中，非常缺乏进行组织变革的资源，难以采取变革行为；或者两种情况兼而有之。H 协会就属于第三种情况。该协会在脱钩前对政府的依赖程度极高，政府项目收入占协会总收入的90%左右。脱钩后，H 协会不再能够承接政府委托项目，面临严重的资金困境，仅有的两名专职工作人员因为年纪较大等原因无意且无力开展组织变革。他们的共同想法是，先依靠协会的结余资金发两三年工资，如果在这一过程中能够重新获得政府资助，协会就可以继续维持，否则协会将在资金耗完后"关门"。

四、结论与讨论

本部分在扎根分析的基础上构建了新型政会关系中行业协会商会组织转型的过程模型，揭示了行业协会商会组织转型的主要阶段、动因、举措和结果。如过程模型所示，行业协会商会组织转型大多经历"危机意识—厘清思路—建立指导团—制定规划—执行规定—转型举措制度化"六个阶段；基本动因包括脱钩改革带来的政策变化和资源困境；为实现组织转型，行业协会商会采取了制定发展计划、进行财务审查、咨询外部专家等组织理性化举措；行业协会商会组织转型的结果体现在结构规范、制度完备、人员专业、服务精细四方面。研究还发现，行业协会商会的组织转型整体上呈现出不均衡性，大多数行业协会商会仍处于转型过程之中，或尚未开展转型工作。

　　本部分的理论贡献主要是揭示了行业协会商会组织转型的共性特征，以及与企业等组织转型相比较而言的特殊性。行业协会商会组织转型的原因、内容和结果与企业等组织转型基本相同，但行业协会商会组织转型主要是一种外在关系驱动下的转型，换言之，是政会关系变化带来转型需要。正因为如此，脱钩改革前与政府处于不同关系形态的行业协会商会对组织转型的需求不尽相同，转型过程和结果也呈现差异。从总体上看，原来对政府的资源依赖越强，行业协会商会组织转型的需求越大；脱钩后政府供给的资源越少，组织转型越艰难。此外，由于大多数行业协会商会长期依赖政府，组织能力较弱，而脱钩后政府急剧减少资源投入，行业协会商会的组织转型总体较为迟缓。

　　从研究中可以得出以下管理启示：一方面，脱钩改革带来政会关系变化，这对于行业协会商会而言，不仅是挑战，而且是机遇，而能否抓住这一机遇，取决于行业协会商会能否及时有效地进行组织转型。基于研究提出的组织转型过程模型，行业协会商会需要为组织转型开展积极的准备工作，可以通过咨询外部专家、制定组织计划、加强财务审计等方式，获取组织进一步发展的思路和增强组织规范性发展的压力；在转型过程中，需要树立结果导向的理念，即以促进行业协会商会战略方向、组织结构和服务模式的转型升级为目标，为达成这些目标进行相应的组织、制度变革和资源调配。另一方面，受传统政会关系的影响，行业协会商会普遍存在资源缺乏、能力不足等问题，并因此在组织转型上乏力。政会脱钩的目的是建立有利于发挥行业协会商会作用的新型政会关系，在这种关系中，两者身份独立，但政府不应因此丧失培育扶持行业协会商会的职能，在脱钩初期政府尤其需要加大指导和帮扶力度，通过职能转移、项目委托等形式帮助行业协会商会渡过难关。

　　最后要指出的是，本部分研究仅基于单一区域的样本构建行业协会商会组织转型的过程模型，存在样本代表性不足问题。行业协会商会组织转型通常是一个持续性过程，需要在较长时段内加以观察，而研究的样本转型的时间跨度仅 2 年左右，这是本部分研究的另一个不足。在未来的研究中，一方面需要扩大研究样本范围，进一步完善行业协会商会组织转型模型，使其更具普遍意义；另一方面需要对样本开展跟踪观察，更加全面地分析行业协会商会组织转型的机制。

第二节　新型政会关系中行业协会商会
组织转型的模式与挑战

脱钩改革是政会关系的一次深刻重构，目的是让政府与行业协会商会各归其位。由于行业协会商会对政府的依赖关系已经存在多年，强制"断奶"式的脱钩所带来的资源环境和收入结构的重大变化不可避免地使得一些行业协会商会难以适应改革的冲击，从而面临资金缺乏、人才流失、业务方向不明等困境。那么，在政会脱钩的背景下，行业协会商会采取了怎样的应对和发展策略？行业协会商会将如何实现转型发展？诸如此类的问题迫切需要讨论。

我们拟基于资源依赖理论，同样以 S 市 A 区为实证案例，分析脱钩对行业协会商会产生的影响，以及行业协会商会在脱钩后的发展转型，基于此，文章将提出进一步完善制度环境，促进行业协会商会发展的建议。

一、文献回顾与分析框架

（一）文献回顾：脱钩改革对行业协会商会的影响

脱钩改革旨在改变行业协会商会对政府的依赖关系，对于行业协会商会而言，脱钩无疑带来了极大的冲击与挑战。其一，对官办型行业协会商会而言，随着"强制性权威"的逐渐弱化，在自身基于市场和行业治理的"自主性权威"尚未确立的情况下，它们的合法性与主体性都将面临挑战[1]。

---

① 傅昌波，简燕平. 行业协会商会与行政脱钩改革的难点与对策 [J]. 行政管理改革，2016 (10).

其二，脱钩后，行业协会商会应如何定位自身功能，在没有财政拨款和政府政策背书的情况下，行业协会商会的资源来自哪里，行业协会商会未来的发展战略是什么，它们又如何与政府及行政机关打交道①，这些问题从理论上被一些学者提出，并受到较多关注。其三，脱钩后的行业协会商会面临着专业性不足、人才队伍滞后、职业化程度不高、社会化运作不够和社会服务能力不强等现实问题②，部分行业协会商会的运行压力会明显加大③。

对脱钩改革的实证研究表明，脱钩改革后的行业协会商会主要面临长期依附权威资源的"路径依赖"问题和因"会员逻辑"而引致的市场行为异化等风险。在对政府行政资源的"路径依赖"下，行业协会商会很有可能会脱钩不完全或脱钩后走向消亡；在"会员逻辑"的要求下，行业协会商会很有可能背离非营利原则，从而带来自主性危机④。

这些研究指出了脱钩改革可能对行业协会商会造成的影响，初步讨论了脱钩后行业协会商会面临的转型困境，但总体而言，既有研究或为理论性思考、缺乏实证检验，或对脱钩后行业协会商会转型发展的动力、困境和实际选择缺乏分析，留有较大的研究空间。

（二）分析框架：资源依赖理论与脱钩后行业协会商会的转型策略

要理解组织的结构和行为，就必须了解组织运作的环境⑤，因此，在分析脱钩后行业协会商会的转型发展问题中，本研究引入资源依赖理论作为分析基础。资源依赖理论的主要理论假设有：第一，组织最关注的事情是生存；第二，没有任何一个组织能够完全自给自足，组织为了生存下去，需要通过环境来获取资源；第三，组织必须与其所依赖的环境中的因素进行互

---

① 贾西津，张经. 行业协会商会与政府脱钩改革方略及挑战 [J]. 社会治理，2016（1）.
② 傅昌波，简燕平. 行业协会商会与行政脱钩改革的难点与对策 [J]. 行政管理改革，2016（10）.
③ 倪咸林. 行业协会商会脱钩后完善内部治理研究 [J]. 行政管理改革，2016（10）.
④ 沈永东，宋晓清. 新一轮行业协会商会与行政机关脱钩改革的风险及其防范 [J]. 中共浙江省委党校学报，2016（2）；宋晓清. 谨防行业协会商会与行政机关脱钩过程中的三种风险 [J]. 中国社会组织，2015（21）.
⑤ 马迎贤. 组织间关系：资源依赖视角的研究综述 [J]. 管理评论，2005（2）.

动，而这些因素包括其他组织；第四，组织生存建立在控制它与其他组织关系的能力的基础之上，因此组织之间会形成依赖关系①。该理论中提及的组织的主要资源通常包括人员、设备、技术、资金、合法性等物质资源和非物质资源②。

资源依赖理论还提出了衡量一个组织对其他组织依赖程度的三个决定性因素：一是资源的重要性；二是资源的分配权和使用权；三是替代资源或对资源控制的范围③。值得注意的是，组织的依赖性并非固定不变，为了生存，组织必须采取行动来管理或者消除依赖，其主要的行动策略包括：一是组织通过改变结构、信息系统、管理模式、人际关系模式、技术、产品、价值观等方式适应环境和通过完全吸收环境（合并）、部分吸收（合作）或影响活动规则（游说）的方式创造有利组织的环境；二是组织开发可替代的资源和多样化的发展以消除依赖；三是通过法律、增选（参加董事会、顾问小组）、合并、兼并、人事交换以及规范组织行为来消除控制④。总之，资源依赖理论揭示了组织与环境的依赖关系，一方面指出了组织为了生存要受到环境的影响和制约；另一方面也强调了组织可以通过一定的策略应对环境变化，从而适应环境。

在非营利组织领域，资源依赖理论为解释政府与社会组织之间的关系提供了理论基础，非营利组织与政府之间多为对称性依赖（symmetrical resource interdependence）或者相互依赖的关系，政府机构为非营利组织提供了资金、信息、政治支持/合法性（political support/legitimacy）、参与的机会等资源，而非营利组织为政府机构提供它们的服务能力、信息以及政治支持/合法性等⑤。但是，受社会组织生成路径与行政体制的影响，我国政府实

①　马迎贤. 资源依赖理论的发展和贡献评析 [J]. 甘肃社会科学，2005（1）.

②　杰弗里·菲佛，杰德尔勒·R. 萨兰基克. 组织的外部控制：对组织资源依赖的分析 [M]. 北京：东方出版社，2006：48.

③　杰弗里·菲佛，杰德尔勒·R. 萨兰基克. 组织的外部控制：对组织资源依赖的分析 [M]. 北京：东方出版社，2006：50－51.

④　杰弗里·菲佛，杰德尔勒·R. 萨兰基克. 组织的外部控制：对组织资源依赖的分析 [M]. 北京：东方出版社，2006：117－122.

⑤　Saidel J. R. Resource Interdependence：The Relationship between State Agencies and Nonprofit Organizations [J]. Public Administration Review，1991，51（6）：543－553.

际上扮演着合法性①与资源供给②的双重角色，在与社会组织的互动关系中居于主导地位，有学者将这种关系描述为非平衡依赖③、非对称性依赖④和非均衡互动⑤，这意味着社会组织对政府的依赖远强于政府对社会组织的依赖。

由此，政会脱钩改革虽然改变的是政府与行业协会商会双方的关系，但对行业协会商会产生的影响却更加显著。脱钩改革要求行业协会商会实现与行政机关的"五分离"，这是直接减弱甚至消除了行业协会商会对行政机关的资源依赖，从根本上改变了行业协会商会的资源环境，它必将促使行业协会商会在脱钩后采取行动策略以应对新的环境，并因此走上转型发展的道路。

根据资源依赖理论，组织的最终状态将取决于其资源体系的状况及组织的应对过程。当面对力量相对较弱的影响时，组织可以采取消除影响的战略，即通过行动来减少服从外部环境的概率；当遇到对组织有重大影响的强有力的外部影响时，此时避免被影响已是不可能，组织因而需要对相互依赖本身进行管理。显然，脱钩改革中行业协会商会面临的是后一种情形，行业协会商会无法避免脱钩改革带来的直接影响，因而可能采取以下两种应对策略：一是改变自身以适应环境。脱钩后的行业协会商会逐渐减弱自身对行政机关的资源依赖，转而寻找其他可替代性的资源来源，如在资金方面，寻求企业、基金会以及其他主体的支持。为实现此目标，行业协会商会会加强自身的能力建设，为获取新的资源作好组织准备。二是寻找机会以适应自身条件。面对脱钩改革，行业协会商会会依据自身固有的优势和能力，在制度允许的条件下，寻求与政府机关、企业等主体的合作，从而最大化地减弱环境改变对自身产生的负面影响。脱钩后行业协会商会的资源环境变化及其可能的应对策略如图 3－2 所示。

---

① 高丙中. 社会团体的合法性问题 [J]. 中国社会科学, 2002 (2).
② 康晓光, 韩恒. 分类控制：当前中国大陆国家与社会关系研究 [J]. 社会学研究, 2005 (6).
③ 汪锦军. 浙江政府与民间组织的互动机制：资源依赖理论的分析 [J]. 浙江社会科学, 2008 (9).
④ 徐宇珊. 非对称性依赖：中国基金会与政府关系研究 [J]. 公共管理学报, 2008 (1).
⑤ 李军. 非营利组织公共问责的现实考察——基于资源依赖的视角 [J]. 学会, 2010 (6).

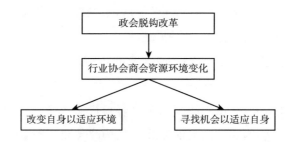

图 3 - 2　脱钩后行业协会商会的资源环境变化及其可能采取的应对策略

二、脱钩后行业协会商会转型发展的基本模式

为探索脱钩后上海市 A 区行业协会商会的转型发展问题，我们于 2017 年 5 ~ 9 月先后对 A 区行业协会商会进行了访谈和调研。访谈对象是第一批 38 家脱钩试点单位中的 11 家行业协会商会，接受访谈的均为行业协会商会的主要负责人或核心成员，访谈的内容主要包括政会脱钩改革的实际进行情况及其影响、脱钩后组织治理的变化情况，以及行业协会商会对未来发展的构设。

S 市 A 区的脱钩改革第一批试点工作于 2016 年 7 月启动，于 2018 年 5 月基本完成。由于 A 区行业协会商会在 2010 年前后进行过规范化改革，因此，行业协会商会与政府的关系存在两种基本形式，一是有业务主管单位的接受"双重管理"的行业协会商会，二是没有业务主管单位的、进行"直接登记"的行业协会商会。接受"双重管理"的行业协会商会主要依靠政府资源生存，协助政府开展行业培训、资格审查等是其主要功能，"直接登记"的行业协会商会中有少数以政府的项目经费为主要收入来源，对政府同样有较强的依赖性。两类行业协会商会同时存在于第一批试点名单之中，且都按要求进行了"五分离"改革。

由于"双重管理"与"直接登记"的行业协会商会在与政府关系上具有交叉性，本部分研究依据脱钩政策是否对其产生了明显影响，将 A 区第一批试点行业协会重新划分为市场型和政策型两类行业协会商会，前者指以市场为主要资源来源的行业协会商会，后者指以政府为主要资源来源的行业协会商会。

市场型行业协会商会拥有较强的经营能力，政策型行业协会商会则拥有较强的行政事务执行能力，以这两种能力为分析基础，通过对两者的高低维度进行搭配，可以获得合作型、主导型、服务型和伴生型四种行业协会商会类型（见图3-3），其中，拥有高经营能力和高执行能力的主导型行业协会商会最具灵活性和动态性，最能够适应政策和市场环境的复杂变动。伴生型行业协会商会由于经营能力和执行能力都比较低，在实际中很少存在，甚至早已被淘汰，因而，本研究以下部分主要分析合作型、主导型、服务型三种行业协会商会的转型发展模式。

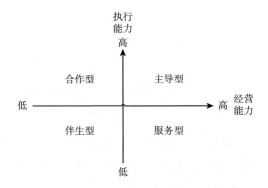

图3-3　基于组织能力的行业协会商会分类

（一）案例选择与基本概况

依据组织的形成路径、领导层的产生或主要领导的身份、经费来源等特征[①]，通过比较分析，我们选择了同类行业协会商会中具有较强类型特征的J协会、E协会和K协会分别作为合作型、主导型以及服务型行业协会商会的代表（见表3-4）。

表3-4　　　　　　　脱钩前三家协会特征比较

案例	类型	协会的形成路径	领导层的产生/ 主要领导的身份	经费来源
J协会 2012年成立	合作型行业 协会商会	由A区民政部门 出资成立	会长、副会长、常务理 事、理事，都是政府或 事业单位退休人员	政府项目经费约占70%， 会费约占30%

---

① 王颖，等. 社会中间层：改革与中国的社团组织 [M]. 北京：中国发展出版社，1993：70-77.

案例	类型	协会的形成路径	领导层的产生/ 主要领导的身份	经费来源
E 协会 2012 年成立	主导型行业 协会商会	在政府支持下由在 职公务人员成立	会长与秘书长均曾为政 府在编人员，后从政府 离职	会费与政府购买服务经 费占比相当
K 协会 1993 年成立	服务型行业 协会商会	由差额拨款的事业 单位转制而来	会长、秘书长由政府在 职和退休人员担任	政府项目经费、会费、 营利性收入，会费所占 比重最大

资料来源：作者根据调研资料整理。

三类行业协会商会的基本情况介绍如下：

J 协会是 A 区成立于 2012 年的养老行业协会，会员为该区各类养老服务机构，如居家中心、日间中心等。2014 年，J 协会被 S 市民政局评为"4A"级社会组织。协会的业务范围包括维护养老服务行业权益，开展行业协调、自律、宣传、评估、统计、培训、调研、信息发布、人才交流、咨询服务，承办政府委托事项等。其中，承办政府委托事项是 J 协会日常工作的主要内容，相应收入占总收入的 70% 左右。

E 协会是 A 区成立于 2012 年的科技金融领域行业协会，主要由科技金融企业及相关经济组织构成。协会的主要职责是促进科技和金融结合，促进科技企业与金融机构之间的对接，创新金融产品和服务等。2016 年，E 协会被 S 市民政局评为"3A"级社会组织。E 协会不仅能够积极配合政府的工作，经常获得政府购买项目，而且开发了自己的网络服务平台，市场能力较强。

K 协会成立于 1993 年，是 A 区外商与投资领域的行业协会，服务对象基本上涵盖了纳税额在 1000 万元以上的企业。协会的主要业务包括政策宣传、考察调研、调解纠纷、培训研讨、信息交流、外商投资促进服务、咨询服务、交流合作等。K 协会是 A 区最为活跃的社会团体之一，能为会员提供优质服务，受到会员单位的一致好评。

（二）脱钩后行业协会商会的转型发展模式

1. 合作型行业协会商会：合作发展模式。合作型行业协会商会具有较强的政策理解与倡导能力，能够较为及时地应对政策变化，作出适合自身发展需要的定位和选择，更容易从政府方面获得资源。脱钩后，合作型行业协会商会大多采取的是"弱化资源依赖、推动购买服务"的回应策略，即驾驭对政府关系的管理，改变与政府的合作方式，在无法直接获得政府财政拨款的情况下，积极影响政府的购买服务决策，以争取更多的、稳定的购买项目。

为满足社会服务需求，A区民政局出资、出场所成立了J协会，J协会成立之初就被定位为A区民政局的"助手"。A区民政局以直接委托的方式将养老服务领域的一些工作交给J协会，主要包括行业督导、等级评定等工作，并向J协会拨付相应的经费。

在脱钩改革前，J协会以A区民政局的经费为主要收入来源，在项目和资金方面对政府的依赖性较强。应脱钩改革的要求，A区民政局在机构、职能等方面与J协会进行了分离，不再直接委托其工作，因而，J协会受脱钩改革的影响非常大，J协会负责人在访谈中表示：

"脱钩后，主要还是资金方面的压力，作为第一批脱钩单位，（政府）也没有给我们相应的补贴，所以还是压力很大的。还有就是场地的问题，包括租金、水电费、停车费等。原来是政府提供，都不出钱的，还有一些办公用品，都是政府的资产。我们新找一个场地还是挺有压力的。"（访谈记录JY，2017－09－20）

面对脱钩压力，J协会积极寻求转型发展之道。协会认为自身最大的优势便是了解政策、与政府的合作经验丰富，而明显的劣势是缺乏专业的市场开拓人员和经验。因此，协会将自身下一步的发展方向仍然定位于与政府的合作。一方面，在承接项目上，J协会经历了从"被动委托"到"主动申报"的转变。在脱钩前，J协会主要是被动"等项目""有什么就做什么""给什么就做什么"，但是脱钩后政府委托项目需要经过规范的购买程序，J协会面临一定程度的竞争，"等项目"的后果可能是拿不到项目。面对这种情况，J协会一边努力促使政府将原有合作的内容改变方式委托给协会，一边根据行业发展需要和政策精神主动向政府建议项目，找政府"谈项目"和"要项目"。另一方面，J协会认识到提升协会自身能力以吸引政府合作的重要意义，经历了从不重视组织建设到不断健全组织、提升组织的转变。J协会认为在脱钩初期只能靠"要项目",但从长远看,还应该做到让政府主动找上门"送项目",让政府觉得离不开协会。为此,J协会从人事、机构、业务等各方面进行了组织再造,比如J协会积极贴近政府鼓励行业协会商会参与企业征信建设的政策要求,主动加强了对会员单位信息的管理,并将自身所做的工作及时与政府沟通。J协会秘书长表示,"更好地服务会员,积极帮助会员解决一些困难,也有利于获得政府的认可""我们的想法是在未来可以给到政府的东西更多,要什么就可以给什么"。(访谈记录JY,2017 - 09 - 20)

2. 主导型行业协会商会:混合发展模式。主导型行业协会商会具有较高的政策执行能力与市场经营能力,可以同时有效适应市场和政策的环境变动,并掌握两者的平衡。这种类型的行业协会商会通常会采取关注政策变化、重视市场需求的策略来应对脱钩改革,即一方面密切关注政策变化,不断采取措施增强自身承接政府职能转移和购买服务的能力,另一方面积极开发新的服务项目,以适应市场需求。

E协会的业务主管单位是S市科委,协会的日常工作主要是帮助金融机构与企业进行对接。在S市重点发展金融和高科技产业的政策环境中,脱钩前包括科委在内的多个政府部门每年都会有会展、培训等项目外包给E协会。脱钩后,由于金融和高科技产业发展的需求进一步加强,相关工作增多,更为重要的是,E协会主要负责人为原科委领导干部,在脱钩中刚刚从政府离职,仍然拥有强大的政府资源。因此,脱钩后的E协会承接的政府购买服务项目不减反增,其中部分项目为E协会倡议立项,比如2016年,E协会提出与政府部门合作打造行业内的线上线下服务平台,获得了政府50%的项目资助。行业领域的特殊性为脱钩后的E协会带来了更多的发展机遇,协会的自主性也明显增加,E协会会长认为,"脱钩,好处是显而易见,增加了自主性、市场化程度提高,协会做事更加灵活,不受政府束缚"。(访谈记录EL,2017 - 07 - 03)

即使如此,与脱钩前相比较,E协会仍然认为自身面临着更大的压力,"以前跟行业挂钩,心里肯定没有负担感。现在切断了,短期内还是会有联系,三五年之内还是会有联系,比如我去政府部门要点资源,可能还是会有，但是这毕竟不再是以前的关系，这是一种合作的关系，他肯定会问你，你这个事情办得怎么样啊，你帮我办一个论坛，帮我做一个什么课题，你研究得不好，我也不开心"。（访谈记录 EL，2017 - 07 - 03）

面对脱钩带来的环境变化，E 协会充分认识到资源来源多元化的重要性，在加强与政府合作的同时，协会主动寻找与其他社会组织、企业，甚至是国外的协会、联合会等的合作机会。目前，E 协会已经初步与部分大学、企业（专业机构）建立了合作关系，如与大学合作开展培训，与专业机构共同开展信息化建设工作等。

3. 服务型行业协会商会：服务会员发展模式。服务型行业协会商会从一开始就将工作重点放在对市场资源的获取和掌握上，能够对会员所需作出必要的回应，帮助会员解决困难。对于服务型行业协会商会来说，由于其发展与脱钩改革的方向基本一致，改革给这类行业协会商会带来的冲击并不明显，反而为其发展创造了更多机遇。这类行业协会商会在新环境中主要采取的是"适应政策方向、突出会员服务"的转型发展策略，即在满足政策要求的前提下，仍然将主要精力放在会员服务上。

K 协会在脱钩改革前经历过事业单位转制、综合改革试验区等改革，基本已经按照市场规律在运行，因此，无论是在人事方面还是在职能方面，受脱钩的影响都非常小。K 协会负责人表示："其实，谈到脱钩，协会早就脱钩了""到 2015 年，我们就把政府层面的（人员）全都清理出去了，所以 2016 年的脱钩改革其实对我们没有什么影响"。（访谈记录 KF，2017 - 09 - 19）

K 协会成立之初的功能比较单一，主要为政府分担一些事务性、技术性的工作，随着会员的增多，协会逐渐将精力转移到会员服务方面，并且发起成立了领域内的两个相关行业协会。脱钩后，K 协会的发展重点仍然在会员服务上，在协会的八项主要功能中有六项是针对会员企业的，包括提供信息服务、协调服务、举办活动、智库服务、商务服务以及生活服务，其中生活服务精细到护照的办理、体检等事项。作为 A 区最为活跃的社会团体，K 协会经常举办联谊会、政策宣讲会、考察活动、招商引资的推荐会等各种活动，曾在一年内举办过两百多次活动，丰富多彩的活动吸引了不少会员企业。

为进一步完善会员服务，K协会一方面创新性地发展出了定制式和菜单式服务，另一方面正在谋求扩大协会规模，计划建构"四个协会＋一个平台＋一个研究院"的新发展模式，希望通过协会之间的联合和资源共享，为会员提供全方位的优质服务。K协会秘书长认为，"这其实对于企业来讲是减负的，意味着加入了一个协会，可享受四五个协会的服务，而且行业中的交流也比较充分"。（访谈记录KF，2017 – 09 – 19）

虽然K协会明确走服务会员的发展道路，但它同样重视政府资源。在协会看来，一些服务会员的工作也是政府所需要的，属于政府的职能范围，政府可以通过购买服务的形式与协会合作。因此，夯实协会的服务能力，做好与政府合作的准备非常重要，"协会的目标是国际化，建立服务的生态链，这要求我们与企业、政府的需求相匹配"。（访谈记录KF，2017 – 09 – 19）

综上可见，三家行业协会商会在脱钩后的新环境中选择了不同的转型发展道路，呈现出一定的模式特征。合作型行业协会商会选择了合作发展模式，仍然希望以政府为主要的资源来源；主导型行业协会商会同时重视来自政府和市场两方面的资源，形成了混合发展模式；服务型行业协会商会以会员服务为主导性业务，形成了与市场化的发展模式。

三、行业协会商会转型发展中面临的挑战

组织转型实质上是一种结构机制的转变①。对于行业协会商会来讲，转型意味着组织目标的调整、组织业务方向的转移以及发展路径的变更。因而，在转型过程中，行业协会商会受"路径依赖"的影响，不可避免地会遇到困境与挑战。

合作型行业协会商会在脱钩后希望通过推进政府购买服务来重建与政府的合作关系，这实质上是希望延续先前与政府的关系内容而改变关系形式，它没有改变行业协会商会的资源结构，行业协会商会仍然保持对政府的强资源依赖。这种转型发展模式虽对行业协会商会的运作模式、业务方向没有造

---

① 卢玮静，刘程程，赵小平. 市场化还是社会化？——中国官办基金会的转型选择 [J]. 中国非营利评论，2017（2）.

成大的影响，甚至不会影响行业协会商会的组织治理，但却面临着以下问题：首先，随着脱钩改革的推进以及政会职能边界的厘清，政府在购买服务中会有更多的合作对象，行业协会商会面临的竞争增强，行业协会商会必须有自己的优势，J 协会负责人表示，"根据 A 区财政上的要求，项目资金达到二十万元的，需要招投标，我们需要有自己的优势"。（访谈记录 JY，2017 - 09 - 20）其次，在购买服务中，政府通常处于主导性地位，行业协会商会能否获得平等地位，获得符合市场原则的购买经费和代理人权限，还取决于行业协会商会自身的谈判能力。"虽然我们是（项目）管理者，但可能（项目）管理费都不够，按规定（占项目经费）10%（的管理费）要给我们的，但是往往不能到位"。（访谈记录 JY，2017 - 09 - 20）最后，政府购买服务政策可能会随经济社会环境的变化而变化，项目的稳定性缺乏保障，一旦政府减少购买项目，行业协会商会的资源来源就没有保证，可能会陷入生存困境。

主导型行业协会商会虽然在脱钩后获得了更大的发展空间和更多的机遇，但与此同时也面临多方面的问题：其一，行业协会商会职能"空间"狭窄的问题。政府项目是主导型行业协会商会的主要资源来源之一，但相对于行业协会商会的需要来说，委托项目仍然太少，主要的行业治理职能仍然是政府在履行。"我们做的一些工作，按理说，应该是政府从大局方面安排，具体就委托给协会来做，现在首先就是政府去做了，协会只能是配合政府做一些小的事务性的事情"。（访谈记录 EL，2017 - 07 - 03）其二，与政府合作的可持续性问题。如前面对 E 协会的情况分析所示，协会之所以在脱钩后获得了更多的政府资源，一是因为金融和高科技为政府重点扶持领域，投入的经费不断增长，二是因为协会的主要负责人为刚离职的原政府领导干部，一旦这两个条件不具备，协会是否还能够持续获得政府资源，实难预料。其三，行业协会商会工作人员的稳定性问题。脱钩后，行业协会商会的人员需要从社会上引进，但一来社会上缺乏专业的行业协会商会管理人员，二来行业协会商会的薪资待遇缺乏吸引力，这导致行业协会商会进人难、留人难，"稳定队伍很不容易，人员流动非常厉害，招不到人，协会什么都做不了"。（访谈记录 EL，2017 - 07 - 03）其四，适应市场竞争的问题。主导型行业协

会商会虽然有较为敏锐的市场性，但脱钩后，仍难以避免市场竞争问题。E
协会在寻找市场资源的时候就发现，培训、咨询项目现在不仅是协会在做，
许多企业也在做。如果协会没有自己的优势，很难与企业竞争。不但如此，
由于行业细分日益突出，相近领域的行业协会商会也在不断成立，协会还需
要与它们进行竞争，"特别是脱钩之后，发展还是挺难的，要到市场上去竞
争""完全市场化的话，没有足够的服务，企业不愿意来的"。（访谈记录
EL，2017－07－03）

服务型行业协会商会受到脱钩改革的影响较小，以会员服务为核心的业
务导向也符合行业协会商会的本质属性，但是此类行业协会商会的转型发展
也不可忽视三方面的问题：一是由于我国对社会组织的非营利性监管尚不健
全，而行业协会商会又是经济社会"两栖"组织，它们在发展中可能会面临
着过多受市场化、商业化影响而走上异化发展的道路，即因过于依赖"会员
逻辑"而在满足会员需求的同时侵犯他人利益或公共利益。二是如何在服务
会员的过程中与政府达成合作的问题。行业协会商会在提供会员服务中难以
避免地会与政府打交道，有时需要政府支持，有时甚至需要与政府合作，如
果与政府建立良性互动的关系，对于将重心放在服务会员上的行业协会商会
来说是一个不小的挑战。三是随着信息获取方式越来越多元化，不断有企
业、其他类型的组织进入到为企业提供服务的行列中来，它们在提供培训、
咨询、会展等服务上不缺乏专业性，甚至更具价格优势，行业协会商会在会
员服务上的优势渐渐被冲淡，在这种情况下，行业协会商会应如何找到自己
的定位，同样是需要严肃面对的问题。

综上可见，三类行业协会商会在转型发展过程中均遇到一些挑战和问
题，其中有些共性问题值得关注：第一，脱钩改革在职能上实现了行政机关
与行业协会商会的分离，但是在厘清政会职能边界、政府向行业协会商会转
移职能方面却进展迟滞。因此，脱钩后的行业协会商会无论采取了哪种发展
模式，都急切期盼政府加快释放职能"空间"，积极推进政府购买服务工作。
第二，受"直接登记""一业多会"制度，以及经济与非经济组织边界日益
模糊等因素的影响，行业协会商会面对日益激烈的市场竞争，这对长期处于
垄断地位的行业协会商会来说意味着莫大的压力，行业协会商会必须重新找

到自己的定位，发展出核心竞争力，才可能在充满不确定性的市场环境中生存下去。第三，选择不同转型模式的行业协会商会都有与政府合作的需要，但如上所述，目前的政会合作中还存在一些诸如个人社会资本、政策导向等偶然性的因素，如何建立合作关系，并保持合作的稳定性和可持续性，是摆在行业协会商会面前的共同问题。

四、推进行业协会商会转型发展的政策建议

在对 S 市 A 区行业协会商会脱钩改革后转型发展模式的研究中，得出了以下结论：一是由于原有发展路径不同以及行业协会商会自身实际情况的差异，不同类型的行业协会商会选择了不同的转型发展模式，基本上能够应对脱钩后的生存问题，但三种转型发展模式都存在不确定性和一定的挑战；二是三种转型发展模式面临的共同问题是政府职能转移和购买服务工作尚不到位，市场竞争性增加以及与政府关系的建立与维持。基于研究结论，下面从四个方面提出进一步完善制度环境、促进行业协会商会成功转型的政策建议：

第一，加快厘清政会职能边界和推进政府职能转移。拥有充分的职能空间是行业协会商会发展的重要前提。脱钩改革也提出了厘清政会职能边界、促进行业协会商会职能发挥的要求，但是脱钩改革更注重"五分离"工作，包含"职能规范"的"五规范"工作进展缓慢。因此，无论是出于全面执行脱钩改革政策的需要，还是基于行业协会商会发展的需要，政府都需要尽快将划清政会职能边界的工作提上日程，按照"三个清单"管理的要求，明确哪些职能应由政府履行，以何种方式履行，凡是不属于政府职能的行业治理功能，都应交还给行业协会商会。考虑到行业协会商会的现状，政府可以设置职能转移过渡期，明确职能转移的阶段性，为行业协会商会提供良好的政策预期，增强其发展信心。在脱钩初期，政府可以暂时掌握部分应交还给行业协会商会的职能，但通过购买服务等方式将其委托给行业协会商会履行，并帮助行业协会商会提高治理和服务能力。若非如此，部分选择合作型和混合型发展模式的行业协会商会可能会陷入发展困境，甚至无力维持

生存。

第二，加大购买服务力度、完善购买服务机制。与政府职能转移一样，脱钩后的行业协会商会热切地期盼政府能够加大购买服务力度，完善购买服务机制。与政府职能转移不同，政府购买服务是指政府将属于自己的职能通过特定的形式委托给服务承接主体履行，并为此支付费用。在脱钩前，少数行业协会商会已经承接过政府购买的服务项目，比如培训项目、会展项目、园区建设项目等。脱钩后，由于"职能分离"的需要，购买服务项目的数量实际上有所下降，这与行业协会商会的期待恰恰相反。购买服务能够在政府与行业协会商会之间建立规范化的资源联系，也是公共服务供给方式改革的重要选择，因此应该成为新型政会关系的重要内容。相关部门应积极推进向行业协会商会购买服务工作，充分发挥行业协会商会的优势，向其购买行业调查与统计、行业培训、市场监管中的一些技术性、事务性和辅助性的服务。在购买服务的过程中，应规范购买流程，特别要保证购买信息的透明和公开，以及遵守购买服务的市场交易规则，进行合理的项目定价，确保承接购买服务项目的行业协会商会能够在保证项目效率的同时有合理的利润空间。

第三，完善政会沟通、合作机制。行业协会商会和政府都是行业秩序的维护者、经济发展的推动者，在许多方面有共通性，双方应加强沟通和合作。脱钩改革中部分行业协会商会反映出的不知如何与政府部门进行正式沟通与合作，对合作的稳定性和可持续表示担忧等问题，应尽快得到妥善解决。政府需要建立与行业协会商会的对话机制，比如定期举行与行业协会商会的对话会，建立行业决策征询机制，发挥党组织在政会沟通中的作用，等等。政府还可以成立专门工作小组，讨论、调研和反馈行业协会商会在发展中面临的重要问题，为行业协会商会的发展提供政策指导和支持。在政会合作问题上，需要进一步完善相关政策，明确政会合作的领域、范围和形式，以及双方的权利和义务，以为行业协会商会提供合理的行为预期，鼓励其发展和完善合作关系。

第四，加强对行业协会商会的政策引导。在竞争不断加强的环境中，许多行业协会商会对未来发展的信心不足。在推进职能转移、购买服务等工作之外，政府还需要加强对新形势下行业协会商会转型发展的研究，探讨行业协会商会新的功能定位以及新的组织治理方式和服务模式，为行业协会商会发展提供新的政策指南。以此为基础，政府可以加强对行业协会商会的政策宣传和培训教育，帮助行业协会商会认识新环境，增强问题意识，提高转型发展的自觉性。

国家治理体系现代化视角下行业协会商会在市场治理中的作用

政府与市场关系的重塑是国家治理体系现代化建设的重要组成部分。党的十八届三中全会指出，"经济体制改革是全面深化改革的重点，核心问题是处理好政府和市场的关系，使市场在资源配置中起决定性作用和更好发挥政府作用"①。要"着力解决市场体系不完善、政府干预过多和监管不到位问题"②。所以，要推进国家治理体系现代化建设，一个重要方面是紧紧围绕市场配置资源的决定性地位来进行政府与市场关系的变革。行业协会商会作为政府和市场主体（企业）之间的桥梁和纽带，在政府与市场关系的重塑中扮演着重要角色。行业协会商会作为一种经济治理机制与市场和国家等其他治理机制形成替代和互补关系③，在某些情况下甚至能够弥补或克服市场失灵和国家失灵而导致的治理失效，从而在市场治理中发挥不可替代的作用。

脱钩改革厘清政府与行业协会商会的职能边界，革除行业协会商会对政府的依赖，使其作为独立自治主体参与市场治理；政府技术性、服务性职能向行业协会商会转移进一步强化行业协会商会在市场治理中的作用和地位，从而使其在市场治理中能更有效发挥作用。2019 年 1 月，最高人民法院和全国工商联联合印发《关于发挥商会调解优势推进民营经济领域纠纷多元化解

---

①② 中共中央关于全面深化改革若干重大问题的决定//中共中央文献研究室．十八大以来重要文献选编（上）［M］．北京：中央文献出版社，2014：513.

③ Streeck W. , Schmitter P. C. Community, Market, State-and Associations? The Prospective Contribution of Interest Governance to Social Order ［J］. European Sociological Review, 1985, 1 (2): 119 – 138.

机制建设的意见》，提出充分发挥商会调解化解民营经济领域纠纷的制度优势，促进民营经济健康发展①。这进一步强化了行业协会商会在市场治理中的职能。

我国改革开放初期，由于与市场经济相配套的法治建设相对滞后，无序竞争、假冒伪劣等现象盛行。20 世纪 90 年代，温州等民营经济较发达地区，在地方政府部门引导下成立了一批具有较强自治性的行业协会商会，有效地维护了市场秩序，促进了行业有序发展。

当前，推动区域经济一体化发展，以区域经济发展带动全国经济振兴刻不容缓②。但我国长江三角洲（以下简称长三角）、珠江三角洲和环渤海湾三大经济圈经过三十多年的发展，虽然建设成效显著，但问题仍然突出。

推进区域经济一体化发展，不仅需要政府有所作为，更需要发挥市场机制和社会力量的作用。行业协会商会是企业的联合体，具有经济和社会"两栖性"，既能规范市场、促进经济发展，又能团结企业家、促进业内融合，是弥补政府"公序"之不足的重要力量③。作为市场治理的一个重要领域，行业协会商会在推进区域经济一体化发展中的作用尤其值得关注与研究。

此外，参与国家创新体系建设是行业协会商会参与市场治理的另一个重要领域。《国家中长期科学和技术发展规划纲要（2006—2020）》提出要"建设国家创新体系""促进知识创新工程"，实现"跨越式发展"的宏伟战略，并要求政府、企业、科研院所和高校等在建立国家创新体系中发挥重要作用。党的十九届五中全会以及第十三届全国人民代表大会第四次会议通过的《中华人民共和国国民经济和社会发展第十四个五年规划和 2035 年远景目标纲要》提出要"坚持创新在我国现代化建设全局中的核心地位，把科技自立自强作为国家发展的战略支撑"，并强调要"深入实施科教兴国战略、

---

① 最高人民法院和全国工商联联合印发《关于发挥商会调解优势推进民营经济领域纠纷多元化解机制建设的意见》［J］. 中华工商时报，2019 – 01 – 28（2）.

② 肖林，王楠. 关于上海市在转型发展中深化区域经济与战略合作的思考［J］. 中国经贸导刊，2012（24）.

③ 郁建兴，周俊，张建民. 全面深化改革时代的行业协会商会发展［M］. 北京：高等教育出版社，2014：120.

人才强国战略、创新驱动发展战略，完善国家创新体系，加快建设科技强国"①。这对于新时代国家创新体系建设提出了更新更高的要求。行业协会商会如何在新时代国家创新体系建设中发挥其独特优势需加以深入研究。

本章分为两节。第一节以长三角案例为例探讨行业协会商会在区域经济一体化发展中的作用。首先分析区域经济一体化中行业协会商会作用的理论定位，其次以长三角案例为例讨论行业协会商会的现实作用以及行业协会商会发挥作用的资源依托与限制性因素，在此基础上提出进一步发挥行业协会商会作用的路径。

第二节探讨行业协会商会在国家创新体系中的地位和作用。首先基于国外典型案例，总结行业协会商会的创新功能，其次分析行业协会商会促进技术创新的动机、影响因素和运作机制，最后提出促进我国行业协会商会在国家创新体系中有效发挥作用的建议。

第一节　行业协会商会在推动区域经济一体化中的作用：基于长三角的案例分析

我国早在 20 世纪 80 年代初就提出区域经济一体化的发展思路，并于 20 世纪 90 年代提出建设长江三角洲、珠江三角洲和环渤海湾三大经济圈。经过三十多年的发展，三大经济圈建设成绩突出，GDP 总量已经占全国总量的近 40%。然而，与美国纽约、英国伦敦等五大世界级经济圈相比较，我国三大经济圈的总体能级还相对较小②，区域间产业布局不合理、生产要素流动受限、知识产权保护不力等问题仍然非常突出，亟须深化发展。

推进区域经济一体化发展，需要行业协会商会的积极参与。但对于行业协会商会是否已经发挥作用，在当前经济形势下如何更好地发挥作用，学术

① 中国共产党第十九届中央委员会第五次全体会议公报 [M]. 北京：人民出版社，2020：13；中华人民共和国国民经济和社会发展第十四个五年规划和 2035 年远景目标纲要 [M]. 北京：人民出版社，2021：13.

② 彭力，黄崇恺. 关于我国三大城市群建成世界级城市群的探讨 [J]. 广东开放大学学报，2015（6）.

界还缺乏讨论。本节拟以长三角行业协会商会为例对这些问题进行回答。文章先在文献回顾的基础上厘定区域经济一体化中行业协会商会的基本功能框架，然后基于长三角案例讨论行业协会商会的现实作用及实现条件，以为更多行业协会商会参与区域经济一体化发展提供借鉴。

一、区域经济一体化中行业协会商会作用的理论定位

本节讨论的区域经济一体化，是指一个国家内部有地缘关系的一组地区，在社会再生产的某些领域内实行不同程度的经济联合和共同的经济调节，以实现商品和生产要素在本区域的自由流动，并协调各地区的社会经济政策①。区域经济一体化需要政府进行经济政策协调，并为此建立区域性协调机构，政府由此通常扮演主导性角色。在政府之外，社会组织因其具有的边界模糊、结构灵活、手段弹性、包容性强等特点能够有效地规避政府合作中的矛盾和问题，为区域合作提供了新的选择②，从而成为区域经济一体化的重要参与者③。其中，行业协会商会相比较于其他社会组织，有更加突出的作用，对此，相关研究主要从两方面进行了论述。

一是区域经济一体化中行业协会商会的角色。此类研究认为，行政区划的分割是区域经济一体化进程中不可逾越的制度性障碍④，因而区域经济的协调发展过程实质上是制度不断创新的过程⑤。在制度创新中，行业协会商会基于四个方面的优势，在政府主体的宏观管理和市场主体的微观活动之间起着中观协调作用⑥：一是行业协会商会的非官方性使其可较少受到行政区划的限制；二是作为企业的代表，行业协会商会最能体认市场需求；三是中介组织的协调符合市场经济发展趋势；四是它们有强烈的建立统一的区域协

---

① 孙大斌. 由产业发展趋势探讨我国区域经济一体化动力机制 [J]. 国际经贸探索, 2003 (6).
②④ 王云骏. 长三角区域合作中亟待开发的制度资源——非政府组织在"区域一体化"中的作用 [J]. 探索与争鸣, 2005 (1).
③ 柳建文, 唐永峰. 中国区域发展中的民间组织与地方合作 [J]. 学习与实践, 2012 (6).
⑤ 王洪庆, 朱荣林. 制度创新与区域经济一体化 [J]. 经济问题探索, 2004 (5).
⑥ 王洪庆, 李士杰. 行业协会与长江三角洲地区产业一体化 [J]. 当代经济管理, 2007 (1).

调机制的愿望①。研究者提出，行业协会商会协调作用的有效发挥依赖于是否能够形成区域性联合组织，因为区域性联合组织能够突破部门与地区界限，协调各地政府和企业关系；能够将同行业企业联合起来，打破条块分割，促进生产要素合理流动与重组，实现资源优化配置②；能够在区域层面发挥服务、代表、自律、协调等功能，更好地维护会员企业在区域内的利益③。有学者甚至指出，建立行业协会商会的区域性联合组织应成为区域经济一体化中制度和组织创新的重要突破口之一④。

二是区域经济一体化中行业协会商会的合作发展。在肯定行业协会商会作用的前提下，研究者对行业协会商会作用发挥面临的制度不健全、运行机制不完善、协作层面过窄等问题进行了较多讨论⑤，并从三方面分析了问题成因：一是政府对行业协会商会的地位和作用认识不够⑥，缺乏对行业协会商会进行区域合作发展的引导和规范；二是行政区划的约束与地方行政本位阻碍着区域经济一体化的进程，使行业协会商会缺乏作用空间；三是行业协会商会自身存在能力不足、发展不平衡等问题，组织之间自发的、分散的合作往往带有很大的脆弱性和盲目性，而且合作的层次较低⑦。对此，需要通过重点扶持、政策支持、完善监管等措施增强行业协会商会的活力，建立强有力的区域合作推进机构和管理机制⑧。

已有研究主要在宏观层面探讨行业协会商会在区域经济一体化中的角色与合作发展问题，对行业协会商会当前的具体作用及未来可能的作用空间关注不够。鉴于此，本部分研究认为有必要从行业协会商会的一般职能以及国内区域经济一体化发展中所需解决的主要问题两个方面出发，探讨行业协会

---

① 宣文俊. 长江三角洲区域协调的重大体制与机制的创新 [J]. 上海经济研究，2008（11）.

② 萧炳南，黄颖. 长三角一体化中行业协会合作发展的思考 [J]. 中国浦东干部学院学报，2011（6）.

③ 柳春慈. 区域性行业协会：区域治理的重要组织载体 [J]. 理论探讨，2010（2）.

④ 王洪庆，朱荣林. 制度创新与区域经济一体化 [J]. 经济问题探索，2004（5）；肖金成. 京津冀区域合作的战略思路 [J]. 经济研究参考，2015（2）.

⑤ 吴巧瑜. 跨地区民间商会协作的思考——以粤港澳三地为例 [J]. 华中农业大学学报（社会科学版），2011（2）.

⑥ 葛月凤. 长三角行业协会合作发展问题分析 [J]. 上海经济研究，2008（1）.

⑦ 柳建文，唐永峰. 中国区域发展中的民间组织与地方合作 [J]. 学习与实践，2012（6）.

⑧ 余建明. 激发行业协会活力 促进区域经济发展 [J]. 中国社会组织，2014（11）.

商会在区域经济一体化中的功能及其实现机制。

　　行业协会商会在我国的功能定位是行业服务、代表、协调和自律①；国内区域经济一体化中迫切需要解决的是产业布局不合理、协同创新不足、生产要素流动不畅、知识产权保护不到位等问题，将这两方面相结合，行业协会商会在区域经济一体化中的功能应主要体现为：一是发挥行业服务功能，主要包括促进区域产业转移、实现产业布局优化；搭建区域行业共性技术和服务平台，建立区域性创新联盟；促进区域人才交流和流动等。二是发挥行业代表功能，主要包括推进区域产业政策优化；加强与上下游行业的谈判与合作，建立区域性跨产业联盟等。三是发挥行业协调作用，主要包括促进区域内行业内外的沟通和协调，解决各类矛盾与纠纷。四是发挥行业自律作用，主要包括建立区域性行业公约，开展行业企业诚信建设，制定区域行业标准，保护知识产权，协助政府开展行业监管等（见图4-1）。

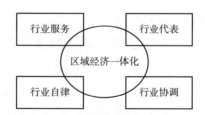

图4-1　行业协会商会在区域经济一体化中的作用框架

二、行业协会商会在长三角一体化中发挥作用的案例呈现

（一）案例背景与案例简介

　　自20世纪80年代提出长三角经济圈概念以来，经过多年的探索和建设，长三角已成为我国经济发展最活跃的地区之一。2010年和2016年，国务院先后发布《长江三角洲地区区域规划》《长江三角洲城市群发展规划》，对长三角一体化发展作出顶层设计。2018年初，长三角区域合作办公室正式

---

　　①　郁建兴，周俊，张建民. 全面深化改革时代的行业协会商会发展［M］. 北京：高等教育出版社，2014：34-44.

成立，长三角一体化进入全面行动的 2.0 版本。2018 年 11 月，习近平总书记在首届中国国际进口博览会开幕式上提出，正式将长三角区域一体化发展上升为国家战略①。2019 年 5 月，中央政治局审议了《长江三角洲区域一体化发展的纲要》。长三角一体化发展进入新的历史时期。

长三角行业协会商会在改革开放初复苏，在市场经济发展中逐渐成长。截至 2013 年底，长三角地区的行业协会商会数量为 12000 多家，其中江苏省 4403 家、浙江省 3760 家、上海市 255 家、安徽省 3638 家②，占当时全国行业协会商会总量的 20% 左右，基本涵盖长三角产业的各个门类。长三角行业协会商会的功能也引人注目，其中，浙江温州商会从 20 世纪 80 年代就开始发挥规范市场、建设共性技术平台、参与环境治理、参与国际贸易竞争等功能③，迄今已成为我国行业协会商会中的著名品牌；上海浦东行业协会商会在招商引资、自贸区和科创中心建设、"一带一路"发展中的作用显著，成为外向型经济地区行业协会商会的标杆。

长三角行业协会商会是区域经济一体化的参与者、助推者。早在 2005 年，上海市政协会就发起签署"长三角行业协会合作交流倡议书"，牵头建立了长三角地区市政工程行业协会的合作联盟和华东地区市政协会秘书长联席会议制度④。近年来，一些行业协会商会更是尝试创新合作内容和方式，努力在长三角一体化发展中有所作为。为了解行业协会商会发挥作用的具体情况，我们对苏浙沪皖的十多家行业协会商会进行了访谈，并在此基础上选取三个案例进行分析。之所以选择特定的三家行业协会，主要是因为相比于其他被调查的行业协会，它们有更明显的参与意愿、更多的参与行为。文中的分析材料来自作者对三家行业协会的访谈、协会官方网站、媒体的相关报道，以及协会 2018 年 9 月 14 日在"发挥行业协会商会作用 助推长三角一体

① 习近平. 习近平著作选读（第 2 卷）［M］. 北京：人民出版社，2023：219.

② 景朝阳，李勇，高成运，等. 中国行业协会商会发展报告（2014）［M］. 北京：社会科学文献出版社，2015：9－12.

③ 郁建兴，周俊，张建民. 全面深化改革时代的行业协会商会发展［M］. 北京：高等教育出版社，2014：30－31.

④ 服务、自律、协调，充分发挥行业协会作用：朱家祥会长在协会五届一次会员大会上作的协会第四届理事会工作报告. http：//www.shsz.org.cn/book/shownews.asp? num = szzz－2007917153619.

化发展"论坛上所做报告。三家行业协会的基本情况如下：

A 市 P 区外商投资企业协会成立于 1993 年 5 月，由 P 区外商投资企业、台港澳侨投资企业、从事外商投资服务工作的机构和科研单位、外商在沪从事投资业务的机构及其他有关组织和社会人士组成。协会曾获"P 区商务委系统先进基层单位"（2010 年）、"A 市先进社会组织"（2012 年）等荣誉称号，2015 年通过"5A"级社会组织评估。协会现有会员单位 2000 多家，包括 P 区所有纳税额大于 1000 万元的外商投资企业。

B 省软件行业协会成立于 2000 年 8 月，其宗旨是促进全省软件行业企业交流与合作，目前有会员单位 700 余家，为中国软件行业协会的常务理事单位，也是工信部授权进行软件企业认定和软件产品登记的"双软"认定机构之一。协会连续十年被中国软件行业协会授予"先进软件行业协会"称号；连续四年被评为"经信领域先进行业协会"；2010 年和 2015 年两度被评为"5A"级社会组织。

C 省汽车行业协会成立于 1998 年 7 月，现有会员单位近 200 家，基本涵盖了 C 省的主要汽车制造和服务型大中企业、高等院校汽车类专业院系，包括少数大型汽车经销商。协会先后获"全国先进民间组织""C 省示范行业协会""产业安全数据扩容和维护产业安全工作"等荣誉称号，为全国汽车工业协会的理事单位之一。

（二）案例中行业协会在长三角一体化中的作用与实现方式

虽然所处行业不同、组织规模不一、资源禀赋各异，但三家行业协会都直接针对融入和推进长三角一体化开展了相关工作，体现出一些共性作用，主要包括以下方面。

一是提供区域性信息服务。行业政策、产业信息等资源对于实现区域内企业的合作交流至关重要，然而，信息不对称、对政策变化不敏感等问题普遍存在，合作交流的实现并不容易。为解决这些问题，三家行业协会从不同角度寻找思路、进行探索。

A 市 P 区外商投资企业协会建立了多样化的信息传播通道和信息服务平台。协会通过会刊《投资浦东》、微信公众号、座谈会、宣讲会等形式及时提供政策、行业动态和招商引资等信息，发布《外商投资环境白皮书》《企业社会责任白皮书》等研究成果；2012 年启动投资咨询、企业交流两个辅助平台建设。投资咨询平台在聚集行业专家资源的基础上公开提供投资咨询服务；企业交流平台主要用于行业企业的信息发布和相互间的交流与沟通。B 省软件行业协会成立初就建立了官方网站，通过网站发布各类通知公告，公示双软认证（软件产品评估和软件企业评估）、软件著作权登记等办事流程，发布全国各地软件行业资讯、行业数据等信息。C 省汽车行业协会主要通过《C 省汽车》《C 省汽车年鉴》和"C 省汽车网"提供汽车产业的最新信息，为汽车行业企业及时掌握全国和区域性的行业发展情况、政策动向等提供便利。

二是开展区域性交流活动。三家行业协会利用长三角的地缘关系积极促进区域性交流，主要交流形式有两种：第一种是组织会员企业开展跨省市的互访和学习活动，并借此促进区域内产业交流与合作。三家协会都经常组织企业外出考察学习，也多次接待外省市行业协会商会和企业来访。第二种是举办区域性论坛和会议。为解决长三角区域内企业资源共享难的问题，A 市 P 区外商投资企业协会于 2010 年与其他单位联合举办了"长三角产业联动及物流联动"沙龙，对长三角地区供应链、产业链格局及物流合作联动等问题进行了深入探讨，互动分享了供应链管理的前瞻性研究和理念，为长三角地区供应链与物流联动发展提出了建议。B 省软件行业协会于 2008 年承办"第二届长三角软件人才创新论坛暨 IT 企业人才交流会"。会议不仅邀请了江浙沪皖等地区的专家学者、企业家进行专题讲座，对长三角地区 IT 产业的人力资源情况进行探讨，还组织了上海市、杭州市、嘉兴市等长三角地区的企事业单位参加，为 IT 人才的多向流动提供了机会。C 省汽车行业协会多次组织汽车技术培训交流会、汽车产品推介交流会、产品测评研讨会、汽车行业最新标准宣贯会等区域性会议，曾参与举办"2014 中国汽车产业区域经济峰会·长三角论坛"。此外，协会还多次承办"国际汽车博览会""中国汽车论坛"等汽车行业国际会议与高峰论坛，在促进长三角乃至全国汽车行业和国际汽车行业交流中发挥了重要作用。

三是搭建区域性平台。如果说提供区域性信息和交流服务是行业协会商会传统职能的区域性拓展，那么，搭建区域性合作和服务平台，则是区域经济一体化时期行业协会商会职能的新发展。B省软件行业协会早在2001年就参与建立了华东六省四市①软件协会的区域性联席会议制度，并于2011年承办了第十一届联席会议。协会还于2016年2月与其他九个省市的软件行业协会共同发起成立了"中国软件企业评估联盟"。联盟对全国软件企业进行评估，并公开发布评估结果。这一作用已经超越长三角地区，实现了全国软件企业的联动。A市P区外商投资企业协会的"一个核心平台+两个辅助平台"中的"一个核心平台"为P区的"总部经济共享服务平台"。这是国内首个服务总部经济的创新服务平台，其主要功能是通过整合政府、社会等各方资源，为企业提供集成创新服务，该平台还发布了全国首份《总部经济发展蓝皮书》。

由此可见，三家行业协会在长三角一体化中所发挥的主要是行业服务功能，"评估联盟"兼具行业自律作用，在行业协调、行业代表两个方面，协会还没有突出作为，存在明显的功能不齐全问题。此外，三家行业协会服务功能的广度和深度不够。虽然已有行业协会着手创建区域性平台，但主要作用局限于信息、交流等传统服务，作用方式也为办刊、办会等传统做法，在长三角一体化发展迫切需要的科技创新联盟建设、人才流动与共享等服务方面，协会还缺乏实质性行动，而互联网、大数据等新的技术手段在协会服务中也缺少应用。不但如此，三家行业协会基本依靠个体力量发挥作用，已有协会间的合作多为共同办会、参会等表层合作，深层合作欠缺，而协会与政府、企业等力量的合作则几乎尚未形成。

三、行业协会商会发挥作用的资源依托与限制性因素

长三角的三家行业协会能够在区域经济一体化中发挥作用并非偶然。通过对案例资料和访谈内容的分析，我们发现，它们具有一些共同的优势条件，而这些条件在其他被调查的行业协会商会中没有突出表现。与此同时，

---

① "华东六省四市"指山东省、浙江省、江苏省、福建省、江西省、安徽省、上海市、青岛市、厦门市、宁波市。

三家行业协会没有全面发挥功能以及功能发挥中面临的问题，与它们自身成长中的"路径依赖"和当前面临的制度环境限制有密切关系，而这对所有行业协会商会而言则具有一定的普遍性。

（一）行业协会商会发挥作用的资源依托

其一，所处行业具有一定优势。一般而言，如果所处行业的规模较大、发展较快、更受政府重视，则行业协会商会更能发挥作用。三家行业协会所处行业在各自地区都具有明显的优势地位，这为协会的自身发展和功能拓展提供了有利条件。A 市 P 区以外向型经济为主，在 A 市引进外资中发挥着桥头堡的作用，据统计，2017 年 P 区新设外资企业占 A 市新设外资企业总量的一半左右。P 区外商投资企业数量多、实力雄厚、活跃度高。因而，以行业为依托，外商投资企业协会资源丰富、话语权大，具有良好的组织基础。B 省聚集着大量软件行业的龙头企业，软件产业是 B 省优先支持的高新产业，软件行业协会因此具有良好的会员基础，也受到政府的特别重视。汽车产业是 C 省的支柱产业之一，近年来 C 省汽车行业发展迅速，产业集群效应明显。受益于产业优势，C 省汽车协会会员实力雄厚，协会谈判能力强，发展较快。

其二，组织治理较为完善。三家行业协会都是各行政区域内的优秀协会，曾获多种荣誉称号或奖励，这从侧面反映了它们组织治理的完善性。而组织治理的完善既提高了协会运作的规范性，又提升了它们的外部形象，是协会凝聚会员、获取外部支持、得以在更广阔的空间中发挥作用的重要组织保障。具体而言，A 市 P 区外商投资企业协会于 2011 年建立了总部经济、公关沙龙、人力资源等 8 个专委会，对组织结构进行了专业化再造；2015年，协会在 P 区率先采取无记名投票的方式直接选取会长、副会长以及理事、监事和秘书长，并对协会章程、会费标准等进行投票表决。协会经过多年努力，逐渐构建了一套面向会员的创新服务机制，这为协会整合资源，提供超越会员范围的区域性服务奠定了良好基础。B 省软件行业协会建立了"三权四会"[①] 的法人治理结构，并且邀请科学院院士和大学教授担任协会

---

① "三权四会"中的三权指决策权、执行权和监督权，四会指会员（代表）大会、理事会、执行会（秘书处）和监事会。

顾问；协会设立登记服务部、外联服务部和产业研究部，各部门和人员分工明确，责任到人，绩效考核规范，是一家治理能力突出的行业协会。C省汽车行业协会不仅建立了完善的法人治理结构，还设立行业发展部、对外合作部，与省内高校形成了广泛合作。此外，协会还特别注重发挥汽车产业集群的优势，将工作的着力点定位在为会员提供信息和交流服务上，业务方向明确，职能结构清晰。

其三，拥有较充足的财务和人力资源。行业协会商会功能的发挥离不开人、财、物等资源的保障①。三家行业协会都体现出较明显的资源优势，突出表现在财务和人力资源两个方面。A市P区外商投资企业协会会员规模大、会员经济实力强，在未承接政府购买服务项目的情况下，协会的年收入就高于同区90%的行业协会。协会早在2007年就进行了全面的人员更新，一方面辞退离退休政府官员，另一方面高薪招聘社会专业人才。目前协会专职工作人员共有40多人，形成了一支职业化、专业化的运作团队。B省软件协会会员实力雄厚、会费收缴率高，承接多项政府购买服务项目又帮助协会获得了充足的经费补给，协会整体财务状况良好。为提高专业化水平，协会从高校招聘专家担任全职秘书长，并在秘书长的带领下组建了一支年富力强、富有创新性的专职工作团队，为协会工作提供了人才保障。C省汽车行业协会同样拥有实力强大的会员，以及来自政府的大力支持，协会经费宽裕。在人力资源方面，协会不仅有从事汽车行业管理和工业规划三十多年经验的"老员工"，而且积极从社会招聘具有行业管理技能的专业人才，形成了新老结合、梯次合理的人才队伍。财务和人力资源的充足使三家行业协会能够不受生存压力所迫，而谋求为会员、行业提供更高层次、更高质量的服务。

其四，获得了政府的大力支持。政府支持通常具有一定的选择性，支柱性产业、高新产业、能力强的行业协会商会更有可能获得政府支持。三家行业协会因其所处行业的优势、具有较为完善的组织治理以及较突出的功能而受到政府的大力支持，反之，政府的支持又为协会提升了合法性、扩展了职

① 周俊，宋晓清.行业协会的公共治理功能及其再造——以杭州市和温州市行业协会为例[J].浙江大学学报（人文社会科学版），2011（6）.

能空间、充实了财源，为协会更好地发挥作用提供了支撑。A 市 P 区外商投资企业协会承接了 P 区商务委窗口服务、投诉协调、外贸统计、企业社会组织等多个服务项目，与海关、检验检疫、公安出入境等多个部门保持紧密合作，共同推进成立了国内首个总部经济共享服务中心；参与 P 区企业社会责任标准等文件的制定工作，受理企业社会责任实证和复评工作等。B 省软件行业协会受惠于政府向行业协会商会转移职能的政策，承接了"双软认证"职能、软件著作权的初审职能，以及信息技术专业高级工程师职务任职资格评审职能。C 省汽车行业协会的成立得力于省政府相关部门和领导的大力支持，成立后协会在行业数据信息统计、行业标准制定、行业规划编写、行业成果评审等多个领域与政府部门合作，一直保持着良好的政会关系。

（二）行业协会商会发挥作用的限制性因素

虽然三家行业协会凭借其优势在长三角一体化中发挥了一定作用，但与理想的框架相对比，协会的行业协调、代表、自律等功能仍然不足，且行业服务功能的发挥还存在广度和深度不足等问题。这些不足和问题的形成有协会自身的原因，也与协会所处的制度环境相关。

首先，我国行业协会商会大多由政府机构转制而来，对政府有较强的依赖性，许多行业协会商会主要以承接政府委托的会议、培训、交流等事项为主要职能，缺乏市场适应性和开拓性。2015 年政会脱钩改革后，行业协会商会在机构、职能等方面实现了与政府的分离。虽然行政化问题得以破除，但在短时间内仍然难以重构市场导向的职能体系。因而，在区域经济一体化建设中，虽然不少行业协会商会摩拳擦掌，但却心有余而力不足。在访谈中三家行业协会负责人都表示，虽然在长三角区域性事务上有强烈的参与意愿，但是当前协会主要还是基于过去的经验开展一些区域性服务工作，在服务内容和方式上还难以瞄准市场需求进行创新；在区域产业协调、行业自律等方面也因缺乏经验，一时还难以有所作为。

其次，行业协会商会作用的发挥需以一定的职能空间为前提。然而，由于我国尚未建立完善的行业管理体制，大量行业治理职能仍然掌握在政府手中，行业协会商会的职能空间非常有限。党的十八大召开后，在厘清政社边界的改革中，政府加快了职能转移步伐，并且鼓励各部门通过购买服务的方式将一些事务性、技术性的职能交由社会力量履行。在这一进程中，行业协会商会的职能获得了一定发展，在部分领域与政府建立了合作关系，然而，新的职能发展还没有扩展到区域层面。正如案例所体现的，B省软件行业协会和C省汽车行业协会已经承接多项政府购买服务项目，但这些项目都不涉及区域性事务。从总体上看，当前的区域一体化是自上而下推进的，政府主导区域化政策的形成和充当区域经济协调发展的领导者，使行业协会商会发挥作用的空间有限。这突出地表现在区域性行业发展规划、区域性行业标准制定等行动中，行业协会商会缺少一席之地；诸如区域性产业结构调整、区域性技术创新平台建设等工作皆为政府所主导，行业协会商会鲜有行动空间。因而，案例中的行业协会虽然对参与长三角一体化有不少思考，也有参与意愿，但难以进行职能拓展。

最后，联合性行动是行业协会商会推进区域经济一体化的重要方式，但当前社会组织管理政策不允许社会团体建立联合性组织，行业协会商会因而只能以非正式联盟的形式进行合作。非正式联盟由于没有独立的法人身份，不仅在运作中受到诸多限制，而且对联盟成员缺乏有效激励，难以有效发挥促进实质性、深层次合作的作用。长三角区域现有为数不多的行业协会商会联盟基本都处于坐而论道的状态，很难采取联合行动。包括三家行业协会在内的所有被访谈行业协会都表达了对建立联合性组织的期盼，无不认为只有这一制度的"天花板"被突破，行业协会商会才能形成合力，共同助力区域经济发展。

概言之，即使是作用比较突出的三家行业协会，在区域经济一体化中仍然有广阔的作用空间。这形成了探讨行业协会商会如何进一步发挥作用的必要性和迫切性。

四、进一步发挥行业协会商会作用的路径

基于以上分析，本节从行业协会商会与政府两方面提出建议，以期进一步促进行业协会商会的作用发挥，从而助力区域经济一体化向更高层次更高

质量发展。

对于行业协会商会来说，在当前经济下行的局势下，亟须对自身在促进区域经济一体化中的作用进行重新思考与定位，创新性地解决当下突出问题。具体而言，行业协会商会可以在服务功能上进行深耕，成为区域产业结构优化的助推者、区域科技创新的引导者、区域智力资源的协调者、区域行业标准的制定者，同时加强行业自律、协调功能，成为区域行业信用的维护者和区域知识产权的保护者。此外，行业协会商会还需要发挥行业代表功能，特别应积极影响公共政策，争取进一步发挥作用的制度空间。

第一，成为区域产业结构优化的助推者。针对目前区域经济协同发展中存在的同质化竞争严重、产业发展协调不到位等问题，行业协会商会可以在优化产业布局上有所作为[①]：一是在开展产业发展现状与趋势、区域内部产业结构布局、区域外部产业竞争环境等研究的基础上，积极协助政府编制区域性产业发展规划，为区域内产业发展提供指引；二是通过建立区域产业联盟等区域性服务平台，改善营商环境，基于本地产业特色，提升产业合作水平，推动产业聚合，形成产业集群式发展；三是推动建立区域性的产业资源共享平台，全面梳理区域中的产业资源和招商资源，实现产业信息在区域内的互联互通；四是引导促进区域内的产业转移活动，根据各区产业结构现状，达到"同质互强""异质互补"[②]，进而形成分工合理、梯次有序、良性竞争的区域性产业发展格局。

第二，成为区域科技创新的引导者。科技创新对区域经济一体化的发展至关重要，但目前区域协同创新中还存在动力机制不健全、创新要素流动不畅、资源共享缺乏长效机制等问题[③]。行业协会商会可以有针对性地采取一些行动：一是整合区域内各方资源，形成最佳创新效应。行业协会商会可以发挥桥梁纽带作用，为企业、科研院所、高校等机构搭桥牵线，促进"产学研"结合和创新成果转化，形成创新合力。二是建立区域性创新培育机制。

---

① 王晓娟. 长江三角洲地区产业一体化的内涵、主体与途径 [J]. 南通大学学报（社会科学版），2009（4）.

② 张国云. 长三角更高质量一体化发展的几个问题 [J]. 中国发展观察，2018（12）.

③ 王卫东. 长三角城市群协同创新发展机制研究 [J]. 企业经济，2011（12）.

行业协会商会可以建立创新教育联盟，发挥行业人才优势，举办创新培训课程，开展创新人才培养，支持企业建立基础前沿研究机构，以及奖励创新成果。三是构建区域性技术创新平台。行业协会商会一方面可以联合其他地区行业协会商会共同组建创新研发中心、创新创业平台、技术创新联盟等创新载体；另一方面可以借助当前政府推动创新创业的政策红利，争取与政府合作建设各类平台，实现创新资源的优化配置和创新组织方式的革新。

第三，成为区域智力资源的协调者。人才资源的综合实力是区域竞争力的重要体现，人力资源一体化将大大提升区域内人力资源的整体水平。对此，行业协会商会可以通过开展区域内人才交流和合作活动、人才共同培养工作，搭建人才资源共建共享平台。具体而言，行业协会商会可以开展以下工作：一是建立区域内人才资源的互动互访机制。如定期举办区域内人才资源合作论坛①，探讨和交流人才资源招聘、培养和流动等管理经验，共同解决人才资源发展中面临的问题；二是建立区域性人才资源信息网络平台，实现区域人才资源信息开放共享，促进人才资源自由流动，实现人才资源优化配置；三是建立区域内人才资格评审互认制度，行业协会商会可以通过教育、培训、考试等资源的互融互通逐步实现专业人才资格的互认，从而促进人才资源市场的一体化。

第四，成为区域行业标准的制定者。在区域一体化进程中，行业协会商会可以在国家标准和全国性行业标准缺乏的情况下，积极开展区域行业标准制定工作。区域行业标准不仅能够为企业提供方向性的指导，帮助企业少走弯路、节省成本、提高效率，而且能够促进区域内市场准入门槛的互通，有利于区域内产品和技术的流通，实现内部规模经济是区域经济一体化的应有之义。行业协会商会制定区域性行业标准，既要立足于区域内行业发展的实际情况，又要对接区域外行业标准和国家、国际标准，以使行业标准既具实用性又具前瞻性。此外，还要持续关注区域行业标准的实施情况，针对其中不适应的地方，进行更新与完善。

第五，成为区域行业信用的维护者。区域经济一体化发展要解决区域内

---

① 郭庆松．长三角人才共享机制：问题与对策［J］．社会科学，2007（5）．

部和外部两个层面的竞争问题。对内而言，行业协会商会需要规范区域内企业间的逐利行为，避免内耗；对外而言，则需要营造整体行业形象，提升区域的资源集聚能力和对外的市场拓展能力。因而，行业协会商会可以在加强行业信用建设、改善区域营商环境方面有所作为，这与当前政府对行业协会商会开展行业企业诚信建设的政策要求一致。行业协会商会可以建立会员诚信信息数据库，或获得政府委托建立全行业企业诚信信息数据库，并在此基础上建立"异常名录"和"黑名单"制度，对不正当竞争和违法违规行为进行公开惩戒。此外，区域内行业协会商会可以建立行业自律联盟，发布自律承诺书和自律规约，建设区域统一投诉平台，公开接受全社会的监督。

第六，成为区域知识产权的保护者。知识产权保护不力会对科技创新产生严重的负面影响。推动区域经济一体化发展，亟须建立更加严格、高效的知识产权保护体系，从而维护区域内的科技创新行为，促进知识产权在市场有序流动。其中行业协会商会可以开展以下工作：一是推动建立区域性的知识产权信息服务平台，为区域内的企业、科研机构等提供全面的知识产权信息服务，从而实现知识产权信息资源的互联互通；二是在现有工作基础上，成立区域性的知识产权保护工作站，为相关企业、个体创业者等提供知识产权宣传培训、法律咨询、争议解决等综合性维权服务，建立知识产权纠纷的快速解决机制；三是联合建立完备的区域性的知识产权保护制度，从而满足区域内企业知识产权保护多元化、精细化的需求；四是开展区域性的知识产权信用体系建设，严惩违法行为。

从制度环境方面看，一方面行业协会商会需要进一步发挥政策倡导功能，以促进政策改善，另一方面政府应主动变革，将行业协会商会纳入区域经济一体化的主体体系、加快政府职能转移，以及放宽联合性行业协会商会登记政策，具体而言：

首先，充分重视行业协会商会的作用，重构区域经济一体化的组织体系。区域经济一体化不仅需要政府自上而下的推动，更需要来自市场、社会的自下而上的支持。在国际区域经济一体化中，行业协会商会一直是政府的支持者，它们经常凭借专业优势和民间代表性出现在国际贸易的谈判桌上。在我国区域经济一体化中，政府需要学习借鉴国际经验，充分重视行业协会商会的作用，重构区域经济一体化的组织机制。具体而言，可以在区域经济一体化联席会议、相关合作会议中设置行业协会商会代表名额，或允许行业协会商会列席相关会议，赋予行业协会商会代表发言权和建议权。

其次，进一步转变政府职能，为行业协会商会释放职能空间。拥有广阔的职能空间是行业协会商会发展的重要前提①。近年来，政府开展了向行业协会商会转移部分职能和购买服务工作，部分地方政府将行业统计、行业标准制定等工作委托给行业协会商会，取得了很好的执行效果。在区域经济一体化进程中，政府应该进一步解放思想，将行业协会商会能够更好发挥作用的一些职能通过直接转移、委托和购买服务等方式交由行业协会商会履行，既鼓励行业协会商会在本行政区内更多地参与行业政策、行业发展规划、行业标准等的制定以及行业共性平台的建设等工作，同时鼓励它们参与区域性的行业建设和发展工作。

最后，放宽政策，允许行业协会商会建立联合性组织。行业协会商会要发挥调动整合区域资源的作用，必须首先实现自身的联合。松散的行业协会商会联盟固然可以开展一些联合性行动，但囿于缺乏正式的组织形式和合法的身份，既无力影响公共政策，也无法对成员进行制度化激励，其功能有限。因而，政府需要继续推进社会组织管理体制改革，在行业协会商会领域试行放开限制，允许行业协会商会在一定限制性条件下组建区域性的联合组织，以助推区域经济一体化发展。行业协会商会的区域性联合组织在性质上应为社会团体，可以考虑在相关省级登记管理机关进行共同注册，由其自由选择某一省份的登记管理机关为主要管理单位，其他为备案管理单位。登记管理机关对联合组织的业务范围进行审核，允许其在区域范围内开展与行业发展相关的工作。

综上所述，行业协会商会是区域经济一体化发展的重要推动力量。受自身能力和制度环境的制约，即使是相对发达的长三角地区的行业协会商会也还没有发挥应有的作用。从发挥行业协会商会基本作用和解决区域经济一体化面临的突出问题两个方面出发，行业协会商会和政府都需要不断加强认

---

① 周俊，赵晓翠. 脱钩改革后行业协会商会的转型发展：模式与挑战——基于 S 市 A 区的实证分析 [J]. 治理研究，2018（4）.

识，进一步明确自身角色和功能定位，并为新功能的实现进行持续的制度创新。

第二节　行业协会商会在国家创新体系中的地位和作用：基于国外典型案例的讨论

党的十九届五中全会开启了全方位推进新时代国家创新体系建设的新征程，行业协会商会在其中的地位和作用如何？正如有学者指出的："迄今为止，国家创新系统文献几乎没有注意到行业协会在创新过程中的作用"[①]。虽然如此，仍有学者关注到行业协会商会在创新体系中所扮演的中介者角色[②]。通过对多国案例的考察可以看到，行业协会商会发挥着公共机构的功能，对技术创新起着引领和推动、组织和协调，以及支持创新基础设施建设等重要作用。

那么，行业协会商会的这些作用是如何实现的？本节拟基于对国外典型案例的介绍和分析，总结提炼行业协会商会的创新功能、影响因素及其实现机制，并提出促进我国行业协会商会在国家创新体系中有效发挥作用的建议。

一、国家创新体系中的行业协会商会

各国对国家创新体系的定义存在差异，但大多认为国家创新体系至少包

[①]　Anderw Watkins, Theo Papaioannou, Julius Mugwagwa, et al. National Innovation Systems and the Intermediary Role of Industry Associations in Building Institutional Capacities for Innovation in Developing Countries: A Critical Review of the Literature [J]. Research Policy, 2015 (44): 8, 该文通过对30多年来国际上关于国家创新体系的研究文献考察后发现，之所以出现这种情况，一是因为早期的创新体系研究忽略了政治过程，二是在一段时间内行业协会被赋予了特殊利益集团等的负面意义。

[②]　Knut Koschatzky, Esther Schnabl, Andrea Zenker, et al. The Role of Associations in Regional Innovation Systems [J]. Klinische Wochenschrift, 2014 (69): 16, 该文认为"工商会等社团在区域创新系统的理论研究和实证研究中很大程度被忽略了"。根据德国经验，"工商会等社团是创新体系的组成部分"。

括3个基本要素：人和组织网络、创新相关活动以及体制和文化环境①。我国政府对国家创新体系的定义是："国家创新体系是以政府为主导、充分发挥市场配置资源的基础性作用、各类科技创新主体紧密联系和有效互动的社会系统"②。这里的"创新"不仅指技术创新，还包含产品创新、流程创新、营销创新和组织创新等，也即为一种"广义创新"（见图4-2）。

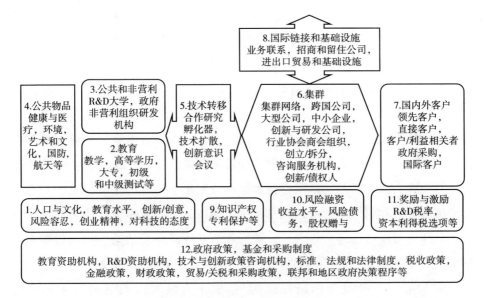

图4-2　广义国家创新体系模型③

资料来源：本图根据澳大利亚商业基金会2005年的报告《国家创新体系：芬兰、瑞典和澳大利亚比较研究对澳大利亚的启示》改编。

在国家创新体系中，技术创新的主体通常是企业、高等教育机构和各类科研机构。在大陆法系中，具有公法人地位的工商会、手工业公会在技术创新中也扮演重要角色，各类行业协会商会则因其私法人的性质和"利益集团"的属性，一般不属于公共机构，但是，它们在促进技术创新方面，常常

---

① Australian Government/Department Industry, Innovation Science：Report on the Review of the National Innovation System, Chapter1：Key Innovation Concepts ［EB/OL］. https：// www. industry. gov. au/innovation/Innovation Policy.

② 国家中长期科学和技术发展规划纲要（2006—2020年）。

③ 由于研究角度或国情不同，国家创新体系有多种模型，本研究选择德国学者制作的模型来表述创新主体及相关各机构之间的相互关系和运作机制。

会突破其组织特性，履行特定的技术创新功能，从而发挥类似公共机构的创新功能。下面通过国外的典型案例介绍和讨论行业协会商会在技术创新中的地位和作用。

（一）技术创新的引领和推动者

行业协会商会对技术创新的引领和推动作用主要体现在五个方面：第一，代表业界进行创新政策倡导。就行业政策、科技政策、基础设施建设等事项向各级政府、立法机构提出建议，是行业协会商会政策倡议活动的主要内容之一。行业协会商会通过政策倡导参与政策制定，引领和推动创新发展。第二，从本行业、本地区实际出发进行创新规划导向。行业协会商会常以"技术路线图""创新发展规划"等形式引领本行业本地区企业技术创新的方向，并通过组织实施这些规划推动技术创新。第三，参与技术标准的制定。行业协会商会通过起草国家技术标准或制定本行业的团队标准，并通过自律机制提高和引领本行业的技术水平。第四，直接从事创新研发活动。行业协会商会可以自己筹集资金，开展行业创新所需研发活动。德国历史上第一个化学实验室就是由德国甜菜制糖产业协会于1886年成立的，这也是德国历史上第一个产业合作研究机构[①]。加拿大最大且最早的工业研究机构——制浆及造纸研究所是加拿大造纸行业协会于1925年成立的，它从事应用性的工艺研究，促进了许多工艺创新[②]。第五，促进创新成果扩散。行业协会商会可以发挥其在企业与科研机构之间的桥接作用，在成员企业中推广科技研发新成果，以提高成员企业的生产和服务效率。

案例1 美国钢铁协会制定技术路线图计划推动钢铁行业彻底改变钢铁生产方式

美国钢铁协会（American Iron and Steel Institute，AISI）由19家钢铁

---

① 理查德·R. 尼尔森，等. 国家（地区）创新体系比较分析 [M]. 北京：知识产权出版社，2012：151.

② 理查德·R. 尼尔森，等. 国家（地区）创新体系比较分析 [M]. 北京：知识产权出版社，2012：387.

制造商会员公司组成，此外还有 124 个准会员（供应商或钢铁行业的客户）。协会成立于 1855 年，原名为美国钢铁协会（American Iron Association，AIA），1864 年正式更名为美国钢铁协会（American Iron and Steel Association，AISA），1908 年与美国钢铁研究所（American Iron and Steel Institute）合并，成为现在的组织形式，总部设在华盛顿。协会的使命之一是"通过合作研究与开发追求技术进步"。协会创办了钢材市场发展研究所（Steel Market Development Institute，SMDI），其主要任务是"努力支持和协调行业通过新技术的不断开发和部署减少二氧化碳排放量"。协会还设立了钢材回收研究所（Steel Recycling Institute，SRI），以促进废旧钢铁产品的回收利用。100 多年来，协会一直在开发新型钢材和应用炼钢新技术方面发挥领导作用。

1995 年，协会与美国能源部工业技术办公室建立公私合作伙伴关系，由行业主导，在政府的帮助下制定了"钢铁工业技术路线图计划"。该计划的目的是提高能源效率、增加北美钢铁工业的竞争力，以及改善环境。

"钢铁工业技术路线图计划"在从 1997 年 7 月至 2008 年 12 月的 11 年内共组织了 28 个专业研究机构合作开发了 47 个研发项目，投资总额达 3800 万美元，其中能源部提供 2650 万美元，协会募集了来自 50 多个参与企业和机构提供的 1130 万美元。如今路线图计划所开发的技术成果已在美国、加拿大、澳大利亚钢铁行业得到广泛使用，美国钢铁协会是路线图计划下开发的所有知识产权的所有者，并以商业价格向所有钢铁制造商颁发使用许可证，但是，参与该路线图计划的企业和机构可免费使用这些知识产权，以此作为他们资助这项研究并承担相应投资风险的回报。目前，路线图开发的技术变革仍在继续，它将可能彻底改变钢铁的生产方式，减少 50% 以上的能源消耗和温室气体排放[①]。

此外，协会还制定了"二氧化碳突破计划"（CO_2 breakthrough program），重点资助熔融氧化物电解（molten oxide electrolysis，MOE）和氢

---

① Technology Roadmap Research Program for the Steel Industry [EB/OL]. [2010 - 12 - 31]. http：//www. steel. org. about AISI/Report.

气闪速熔炼（hydrogen flash smelting，HFS）两个新技术的研究开发，使包括加拿大在内的北美钢铁生产商站在世界炼钢技术的前沿。

（二）技术创新的重要组织和协调者

从国外一些技术创新项目的组织实施和协调情况看，行业协会商会的作用仅次于政府，它们的作用主要体现为：第一，对项目选择进行组织和协调。如美国的"铝业技术路线图"就是在美国铝业行业协会的领导下与美国能源部合作确定的。第二，对利益分配进行组织和协调。技术创新项目涉及企业经济利益和知识产权归属，在行业、地区内和企业集群内组织实施创新项目并不容易。由于行业协会商会具有集体行动机制和自律机制，能通过协会成员间的协商处理复杂的利益关系，从而形成创新的集体行动。第三，对资源进行整合和协调。一个大的技术创新项目可能涉及几十个甚至上百个企业和机构，必须把这些机构的资源有效整合起来，才能实现创新目标，在这方面行业协会商会具有无可替代的作用和独特的优势。

案例2　印度工业联合会促进技术创新的活动

印度工业联合会（Confederation of Indian Industry，CII）成立于1895年，经过多次整合，使用过多个名称，最终于1990年形成现在的组织形式。联合会拥有来自私人和公共部门，包括中小企业和跨国公司在内的8000多名成员。

联合会把促进技术创新作为重要战略任务，早在20世纪90年代就建立了第一届全国技术委员会，旨在促进工业研发和投资、技术和研发合作。协会为促进技术创新采取的主要举措有：第一，2000年在印度科技部和安得拉邦政府的支持下成立了"安得拉邦技术开发促进中心"（APTDC），为中小企业创新和专利保护提供一站式服务。第二，2009年与孟加拉国工程和科学大学合作建立"工业研究、创新和人力资源开发中心"，以建立工业和学术的合作伙伴关系。第三，与科技部合作成立全球创新与技术联盟（GITA），使用印度双边工业研发基金，实施印度/加拿大、印度/以色列、印度/中国台湾工业合作开发项目。第四，与科技部合作建立"技术出口发展组织"（TEDO），提高全球市场中印度技术知识、技术密集产品的竞争力。第五，实施"印度创新计划"（i3），组织 18 岁以上创新者参与的全国创新竞赛项目，对顶尖创新者给予现金奖励，并将其创新成果与企业链接。第六，创办创新网络，将创新的所有利益相关者通过互联网连接起来，以促进创新更快地商业化。第七，与英特尔公司合作开展科学研究与创新倡议活动，鼓励和促进学生的创新。2008 年，从学校学生中收到了大约 1000 个创新项目，其中有 28 个被选为顶尖创新项目[①]。

案例 3　德国卡尔斯鲁厄地区工商会组建创新联盟为会员企业提供创新服务

卡尔斯鲁厄（Karlsruhe）是德国西南部城市，属于巴登—符腾堡州。卡尔斯鲁厄技术区占地 3240 平方千米，约有 124 万人口，工业部门拥有约 6500 家公司，IT 部门拥有约 4000 家公司。

为增强本地区公司的创新能力，卡尔斯鲁厄工商会与卡尔斯鲁厄理工学院（KIT）、卡尔斯鲁厄应用科学大学的化工技术研究院（ICT）和弗劳恩创新研究院（ISI）等 6 个高等院校和科研机构于 2012 年建立了"创新联盟"（Innovation Alliance），作为该地区技术创新的共同平台。

创新联盟的组织架构和机制是：建立联盟创新办公室作为常设机构（设在工商会技术委员会）；联盟与各高等院校、科研机构的 7000 多个研究人员建立联系；联盟没有政府资金，其运行成本由 6 家机构分担。

创新联盟的理念是为企业提供最快速的获取与创新有关信息的通道，只要通过创新办公室这个联系点，企业就可以迅速联系上 7000 名研究人员。如果企业计划开发项目或新技术，但缺乏技术或实验室设施，就可以通过创新办公室搜索到地区内所有 6 个研究机构的专业部门及有关专家，并通过洽谈获得他们的帮助。与合作伙伴的第一次见面和第二次项目洽谈都是免费的并保密。

---

① Introduction of the Confederation of Indian Industry ［EB/OL］. https：//cii. in/About_Us. aspx.

联盟成立后，每天收到约 70 个来自机械工程、能源储存、化学制造等行业企业的查询，多项费用在 2000 ~ 200000 欧元之间的项目已经实施。根据 2014 年德国经济研究院进行的一项对 110 个城市的民意调查，在卡尔斯鲁厄的研究合作比其他地方更加成功①，这与创新联盟的存在不无关系（见图 4 - 3）。

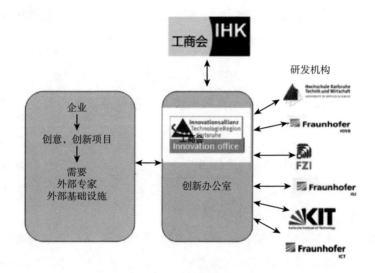

图 4 - 3　卡尔斯鲁厄工商会创新联盟组织架构及机制示意

资料来源：卡尔斯鲁厄工商会（Karlsruhe Chamber of Industry and Commerce）。

（三）创新基础设施建设的重要支持和投入者

虽然创新的基础设施通常由政府及其所属公共机构提供，但行业协会商会也发挥着十分重要的作用。它们主要是通过与政府沟通，建议和敦促政府加强相关基础设施建设，有时它们也会直接参与基础设施建设，如筹资创办职业教育培训机构、行业研发机构、创新企业孵化器，参与技术标准和技术规范的制定，通过推动政府立法，建立和完善知识产权制度并通过行业自律，为保护知识产权作出贡献等。在意大利，行业协会商会不仅参与为技术

---

① Karlsruhe Chamber of Industry and Commerce, Innovation Alliance for the Karlsruhe Technology Region-Application for "Best Job Creation and Business Development Project" [EB/OL]. http：//www. iccwbo. org/.

转移和为本地产业提供通用技术援助的产业中心的发展和管理，还在专业工业区（如鞋类工业区、纺织工业区）的组织中发挥重要作用①。

案例4　法国巴黎大区工商会为创新提供基础设施支撑

巴黎大区工商会是有200多年历史的巴黎工商会和大区内的其他工商会于2013年组建的，其中六个为省级工商会，两个为地方自治工商会，会员企业共85万家，会员企业的产值约占法国GDP的30%。巴黎大区工商会为企业成长提供企业安置、资金求助、注册手续、法律法规、创新项目实施、数字转型、寻找合作伙伴和进军新市场等多种服务。

在企业和地区的创新发展中，巴黎大区工商会依法为企业和地区的创新提供基础设施支撑：一是提供高等技术和职业教育基地。巴黎大区工商会目前拥有24所精英学院和技术专科学院，人称"法国第二教育部"。这些大学都由工商会创建，但都是私立学校，每年培养31700名学生（其中16700名是大学水平以下的职业培训学员），并有3万人参加继续教育，为企业的创新发展量身打造了精英人才，提供了多样化的人力资源支持。二是通过创办孵化器促进创新企业发展。从2005年开始，巴黎大区工商会创办了7个孵化器、2个实验室，每年孵化100多个项目。工商会还是帮助刚孵化企业成长的"苗圃"（pépinière），帮助了120家数码高科技企业的成长。埃塞克商学院的孵化机构由孵化器、苗圃和种子基金组成，由企业家、投资者参与活动。该孵化器吸收了25家公司的种子基金，为初创公司筹集了7000万欧元的孵化资本，创办新企业253家，5年成活率为72%。此外，巴黎大区工商会还参与巴黎大区的产业集群建设，促进巴黎大区高新技术产业发展和传统企业产业升级②。

---

① 弗兰科·马莱尔巴.意大利国家创新体系//理查德·R.尼尔森，等.国家（地区）创新体系比较分析［M］.北京：知识产权出版社，2012：297，304，据该文介绍，意大利有40多个产业中心，它们"进行实验研究、从事设计和工程，并且提供咨询服务。一般情况下，它们由地区、地区金融公司、商会，以及某种情况下还有研究机构，与私人企业和产业协会共同发展和管理"。

② 该资料由巴黎大区工商会北京办事处总代表聂延玲女士提供。

二、行业协会商会促进技术创新的动机、影响因素和运作机制

(一) 行业协会商会促进技术创新的动机

行业协会商会促进技术创新的动机首先来自组织理论所研究的逻辑起点——组织目的。奥尔森指出："实际上所有侧重于经济的组织都以此为目的，那就是增进其成员的利益……一些组织是处于无知状态才没有增进其成员的利益…… 不去增进其成员利益的组织往往会消亡。"① 对于这一点，施密特和施特雷克（Schmitter and Streeck）的"会员逻辑"和"影响逻辑"理论有更充分的论证。这些论点也可以从商会发展史得到印证。对于商业人士作出入会、保持或放弃商会会员身份决定的动机，英国著名学者罗伯特·贝内特（Bennett R. J.）曾指出，"一个关键的结论是，动机是复杂和多重的。在现代，不同的信息来源表明，游说和服务都很重要"②。由于技术创新是企业发展最核心的因素，它自然也成为行业协会商会进行游说和开展服务活动的重点职能之一。

(二) 行业协会商会促进技术创新的影响因素

从各国技术创新的典型案例看，行业协会商会促进创新的活动形式和绩效往往取决于诸多内外部条件，存在多种影响因素，其中重要的内外部因素分别如下。

1. 内部因素。

一是组织属性。在支持创新的基础设施建设和帮助中小企业技术创新方面，商会组织特别是公法商会强于行业协会。在政策倡导和专业技术创新引领和推动方面，行业协会强于商会组织。在重大科技进步项目的研发方面，全国性的行业协会（联合会）明显强于地方性的行业协会组织，而在促进中

---

① 曼瑟尔·奥尔森. 集体行动的逻辑［M］. 上海：上海三联出版社，2012：5.

② Bennett R. J. Local Business Voice：The History of Chambers of Commerce in Britain，Ireland，and Revolutionary America，1760 – 2011［M］. New York：Oxford University Press，2012：763.

小企业普通工艺技术革新方面，地方性行业协会则强于全国性行业协会。

二是行业属性。不同的产业在技术变革、来源以及参与其中的行动者如何彼此联系等方面有很大差异，比如从合成材料到制药等精细化工产品的生产行业，其技术进步在许多方面都不相同。在这些行业中，创新在很大程度上是引入新的产品或产品种类，如尼龙或安定等，而并非系统技术的不断的、渐进性的改进。IT、信息产业与钢铁、牛奶等传统产业的技术创新也很不同，前者的创新常出现飞跃式发展，而后者的技术产品创新是较为缓慢的，其技术变化基本上是采取新的生产方法和对有问题的产品进行工艺改进。这种行业属性的差异必然会导致在促进创新活动的形式和绩效上存在行业协会商会的个体性差异。

三是发展阶段（能力类型）。从行业协会商会的能力发展看，一个协会从初创阶段到能力强大、经验丰富的成熟阶段需经过多年发展，有的组织会依次经历从俱乐部到小型秘书处、专业秘书处和知识供应者等多个发展阶段。但许多组织或会停留在其中某一阶段，成为一个组织的能力类型。行业协会商会促进技术进步的形式、项目的规模和绩效往往与其所处的发展阶段（能力类型）密切相关（见图4-4）。

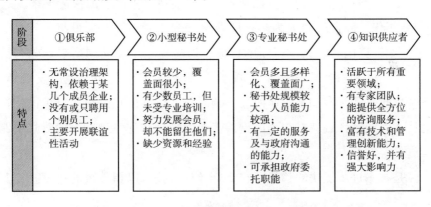

图4-4　行业协会商会发展阶段（能力类型）

资料来源：根据世界银行集团中小企业部研究报告《商会组织能力建设：项目经理指导原则》中插图改编。

一般来说，行业协会商会在第①、第②阶段只能开展规模较小的技术创新活动，到第③、第④阶段才能从事技术创新的组织、协调和直接研发等活动。

四是领导人和组织发展理念。行业协会商会促进技术创新的形式和内容具有多种选项，在对组织的使命和任务进行排列时，领导人的个人偏好以及组织的群体偏好会对组织在技术创新中的行为产生明显的影响。

五是会员结构。前述案例说明大中型企业在组织中的地位对于行业协会商会在技术创新中的作用具有重要影响。一般来说，大中型企业在区域性的特别是全国性的重大技术创新项目中发挥支柱作用，中小企业的"搭便车"行为是其集体行动的重大障碍。然而，正如施密特和施特雷克指出的，为了使集体行动具有更强的代表性，只要组织的内部分配不那么极端，较大的行动者就能够并且愿意以不成比例的份额支付协同行动的成本，以补贴较小、较少资助的成员①。贝内特也指出，在商会中"大中型企业对商会的持续性承诺最大"②。这在美国钢铁协会的案例中表现得非常明显。

2. 外部因素。一是经济环境。行业协会商会的服务内容具有时代特征。在英国和美国，商会的历史展示了它们适应和稳定产品创新的浪潮。早期的商会服务内容主要是回答会员的贸易询问，而后随着经济发展，商会的服务领域逐步扩大。从 19 世纪末开始，技术咨询和一系列当地创新服务支持了伦敦、曼彻斯特、伯明翰、格拉斯哥和都柏林等大型商会的快速扩张。到 20 世纪 90 年代，商会已经成为多种商业服务提供者，拥有大量组合产品。进入 21 世纪，英国商会又进行新的探索，通过建立企业间网络来加强与孵化器、科技园区和科研机构的紧密联系③。此外，经济危机、经济发展转型、经济全球化进程都会加强行业协会商会对技术创新的促进作用。美国钢铁协会的技术路线图计划就是在美国钢铁工业面临全球化浪潮冲击的背景下制定并实施的。

二是技术进步加快的趋势。在 21 世纪，"技术以指数级的速度扩充其能

① Schmitter P. C. Streeck W. The Organization of Business Interests：Studying the Associative Action of Business in Advanced Industrial Societies［Z］. MPIFG Discussion Paper，1999.

② Bennett R. J. Local Business Voice：The History of Chambers of Commerce in Britain，Ireland，and Revolutionary America，1760－2011［M］. New York：Oxford University Press，2012：763.

③ Bennett R. J. Local Business Voice：The History of Chambers of Commerce in Britain，Ireland，and Revolutionary America，1760－2011［M］. New York：Oxford University Press，2012：588－589，810－818.

力，创新者也寻求成倍改进的能力""范式转换（技术创新）正处于加速状态。现今它正以每十年翻一番的速度增长"①。在这种条件下，无论是高新技术产业还是传统企业，他们对技术创新服务的要求无疑都将大幅增长。浏览发达国家行业协会商会的网页就会发现，进入 21 世纪以来，越来越多的行业协会商会已经把促进创新作为自己的使命和主要任务。

三是国家创新体系的框架制度。国家创新体系的框架制度包括和创新相关的市场调节和治理制度、法律制度、科技制度、教育制度、职业培训制度、财政金融对技术创新的激励制度和行业协会商会管理制度等。在发达国家特别是美国的国家创新体系中，政府常通过公私合作伙伴关系的模式激励行业协会商会参与产业重大技术创新项目的方案制定和实施，从而为行业协会商会在促进技术创新活动中发挥作用提供广泛的活动空间和有力的动力。

（三）行业协会商会促进技术创新的运作机制

从前述案例中行业协会商会开展、组织和协调技术创新的实践看，行业协会商会促进创新的运作机制主要包括：

一是成本分摊和成果共享机制。一个重大创新项目总是需要较大的资金投入，而且面临可能失败的风险。通过成员企业按照一定比例分摊资金投入可以大大提高研究与开发（R&D）的效率。在美国钢铁协会成员单位提供的1130 万美元分摊费用中，包括 350 万美元资金投资（现金）以及 780 万美元的实物投资（为研发提供的技术服务、厂房设施和资助人员等费用）。美国钢铁协会技术路线图计划实施后所产生的技术专利都属钢铁协会所有，即成为行业的集体知识并可由全行业企业共享，这意味着可以提高整个行业的生产效率和竞争能力。对参与和未参与开发投资的企业区别对待，前者免费使用，后者则须付费使用，这种机制既增加了全行业的专业知识，兼顾了全行业的利益，又激励了单个企业和机构参与创新的积极性，并有效避免了单个企业和机构的重复开发。这意味着这种机制可以大大提高 R&D 的投资效果，并有效促进全行业生产服务效率和竞争能力的提高。

---

① 库兹韦尔. 奇点临近［M］. 北京：机械工业出版社，2011：3.

二是多元化的协作机制。前述案例表明，行业协会商会的创新项目均采用了多元合作的运作模式，根据项目的需要组织大专院校、科研机构、国家或私营实验室，以及相关的成员企业共同参与研发，以保证项目能如期实现。

三是网络乘数机制。卡尔斯鲁厄工商会的创新联盟是最好的例证。在一个创新体系中有许多创新主体在活动，对于一个创新项目的主体而言，在众多创新主体中，哪些是具有共同利益且可以结成合作伙伴的，有的是已知的，有的则是潜在的。如果行业协会商会能够建立起一个广泛的联系网络并提供给创新主体使用，网络的创新价值就会倍增，从而产生经济学上所说的乘数效应。

三、总结和建议

以上分析表明，行业协会商会在国家创新体系中扮演着公共机构的角色，对技术创新发挥着引领和推动、组织和协调，以及支持创新基础设施建设等重要促进作用，其中有些作用是其他社团组织无法替代的。行业协会商会参与创新活动的动机源于工商业界人士创建、加入行业协会商会的初始目的和追求。通过建立创新成本分摊和成果共享机制，行业协会商会的创新活动可以超越利益集团的局限性，为全社会的知识增长作出贡献，并促进社会生产和服务效率的提高。行业协会商会参与创新的形式和效果受内外部多种因素的影响，其中政府的培育对充分发挥行业协会商会在国家创新体系中应有的作用具有关键意义。

我国的行业协会商会尽管还处于发展的初级阶段，但已经在技术创新中崭露头角。郁建兴等从产业升级的视角，提出行业协会商会促进产业升级的六个基本维度[①]，从一个侧面对行业协会商会在广义创新中的作用和机制进行了深入的理论思考。但从总体上看，正如有学者指出的，在创新体系的顶

---

① 郁建兴，沈永东，吴逊. 行业协会促进产业升级的作用类型及其实现机制——一项多案例的研究［J］. 浙江大学学报，2011（6）.

层设计中，行业协会商会的功能尚缺乏明确定位①。与发达国家相比，我国行业协会商会在国家创新体系中的作用也远未发挥。为明确行业协会商会在国家创新体系中的地位，促进其作用发挥，本章最后提出以下建议：

首先，建议学术界、科技界，特别是从事行业协会商会研究和管理的学者和实际工作者，进一步加强对行业协会商会在国家创新体系中地位和作用的理论和实证研究，为国家制定相关政策提供依据。

其次，建议中共中央、国务院和国家发展和改革委员会、科技部、工业和信息化部等部门尽快把行业协会商会纳入国家创新体系和科技体制改革方案，明确其主体地位和基本功能，并制定相关的激励政策，以引导和促进行业协会商会发挥创新作用。建议尽快在全国选择100家有条件的行业协会商会进行这方面的试点，取得典型经验，并逐步在全国推广。

最后，加快推进行业协会商会的改革进程，通过改革和培育，使体制内生成的行业协会商会尽快回归民间商会的本质属性（这是商会参与创新活动的原动力所在）；引导民间自发生成的行业协会商会加快完善内部治理、明确组织使命和宗旨、健全运作机制，加强学习和借鉴发达国家现代行业协会商会的发展经验，努力在国家治理创新体系中发挥应有的作用。

---

① 徐永模. 充分发挥行业协会在国家创新体系建设中的作用 [J]. 中国浦东干部学院学报，2012（1）.

| 第五章 |

国家治理体系现代化视角下行业协会商会在社会治理中的作用：基于自愿性环境治理维度

　　政府与社会关系的重塑是国家治理体系现代化建设的重要组成部分。党的十八届三中全会强调要"正确处理政府和社会关系，加快实施政社分开，推进社会组织明确权责、依法自治、发挥作用"①。党的十九届四中全会指出："社会治理是国家治理的重要方面。必须加强和创新社会治理，完善党委领导、政府负责、民主协商、社会协同、公众参与、法治保障、科技支撑的社会治理体系，建设人人有责、人人尽责、人人享有的社会治理共同体"②。打造共建共治共享的社会治理新格局，要坚持和完善共建共治共享的社会治理制度，这需要更多的主体参与。行业协会商会作为社会组织的主力军之一，是参与社会治理的重要主体，其参与政府与社会关系重塑及社会治理创新是国家治理体系现代化建设的不可或缺的元素。

　　自党的十八届三中全会提出要"激发社会组织活力"③，尤其是"重点培育和优先发展行业协会商会类、科技类、公益慈善类、城乡社区服务类社会组织"④ 以来，2019 年 1 月，最高人民法院和全国工商联联合印发《关于

---

①③　中共中央关于全面深化改革若干重大问题的决定//中共中央文献研究室. 十八大以来重要文献选编（上）［M］. 北京：中央文献出版社，2014：539.

②　中共中央关于坚持和完善中国特色社会主义制度 推进国家治理体系和治理能力现代化若干重大问题的决定［M］. 北京：人民出版社，2019：28.

④　中共中央关于全面深化改革若干重大问题的决定//中共中央文献研究室. 十八大以来重要文献选编（上）［M］. 北京：中央文献出版社，2014：540.

发挥商会调解优势推进民营经济领域纠纷多元化解机制建设的意见》，提出充分发挥商会调解纠纷的功能和优势，推动其协同参与社会治理①。党的十九届四中全会提出，构建基层社会治理新格局，要"发挥群团组织、社会组织作用，发挥行业协会商会自律功能，实现政府治理和社会调节、居民自治良性互动，夯实基层社会治理基础"②。2021年3月发布的《中华人民共和国国民经济和社会发展第十四个五年规划和2035年远景目标纲要》也特别提出在社会治理中发挥群团组织、社会组织作用，要培育规范化行业协会商会等③。可见，行业协会商会在社会治理中扮演更加多元化的角色，从而在社会治理创新中发挥重要作用。在社会治理领域中，环境治理、安全生产管理、劳资关系协调、社会公益事业与公共危机治理等是行业协会商会发挥作用的重要领域④。

　　温州市行业协会商会参与自愿性环境治理的实践表明：作为政府和企业之间的桥梁和纽带的行业协会商会，在环境治理中，作为第三方治理主体，既能有力地促进企业参与自愿性环境治理，又能有效协助政府落实环境政策。这是行业协会商会与政府、企业互动，有效参与社会治理创新的一个典型范例。环境治理需要构建包括党和政府、社会组织、企业和公众等行为主体在内的多中心治理模式。当前的研究尚未对行业协会商会在其中的作用提出系统的理论，因此有必要聚焦行业协会商会，探索创新环境

---

① 最高人民法院和全国工商联联合印发《关于发挥商会调解优势推进民营经济领域纠纷多元化解机制建设的意见》[N]. 中华工商时报，2019 - 01 - 28（02）.

② 中共中央关于坚持和完善中国特色社会主义制度 推进国家治理体系和治理能力现代化若干重大问题的决定 [M]. 北京：人民出版社，2019：30.

③ 中华人民共和国国民经济和社会发展第十四个五年规划和2035年远景目标纲要 [M]. 北京：人民出版社，2021：153.

④ 张建民，何宾. 行业协会提升自愿性环境治理绩效的理论框架与国际实践 [J]. 治理研究，2021（1）；李立国. 创新社会治理体制 [J]. 求是，2013（24）；沈永东，应新安. 行业协会商会参与社会治理的多元路径分析 [J]. 治理研究，2020（1）；徐家良，于爱国. 现代企业劳资纠纷调解机制研究——以温岭羊毛衫行业为例 [J]. 华中师范大学学报（人文社会科学版），2010（2）；赵立波. 行业协会商会：公益服务的替代抑或优先机制——以青岛为例的实证考察 [J]. 北京行政学院学报，2015（6）；Chen Y., Yu J., Shen Y., Huang B. Coproducing Responses to COVID - 19 with Community-Based Organizations：Lessons from Zhejiang Province, China [J]. Public Administration Review，2020：866 - 873；郁建兴，吴昊岱，沈永东. 在公共危机治理中反思行业协会商会作用——会员逻辑、影响逻辑与公共逻辑的多重视角分析 [J]. 上海行政学院学报，2020（6）.

治理体系、提升环境治理绩效的途径。基于此，本章以行业协会商会参与环境治理作为其在国家治理体系现代化建设中发挥社会治理创新作用的研究主题。

本章探讨行业协会商会在环境治理中的作用及其相对于政府与企业的优势。主要基于温州的案例，研究行业协会商会在收集行业污染信息、创新治理工艺、污染规模化处理和制订环保标准方面的比较优势，以及推进行业协会商会有效参与环境治理所需要的条件。

合理利用资源，有效减少环境污染，促进行业和经济的可持续发展是一项世界性难题。国际和国内经验证明，以政府为管理主体的强制性环境监管尽管有其优势，但也有很明显的局限性。环境治理需要构建包括党和政府、社会组织、企业和公众等行为主体在内的多中心治理模式。党的十九大报告指出，生态文明建设需要构建"社会组织和公众共同参与的环境治理体系"①。2020年3月，中共中央办公厅、国务院办公厅印发《关于构建现代环境治理体系的指导意见》，提出"构建党委领导、政府主导、企业主体、社会组织和公众共同参与的现代环境治理体系"，并将行业协会商会在健全环境治理全民行动体系中的职能定位为"发挥桥梁纽带作用，促进行业自律"。这是十九届四中全会《关于坚持和完善中国特色社会主义制度、推进国家治理体系和治理能力现代化若干重大问题的决定》颁布后首个专门领域的国家治理体系现代化建设指导意见，体现了构建现代环境治理体系的重要性和紧迫性。行业协会商会在治理环境污染方面具有独特优势，正日益受到关注。温州行业协会商会参与自愿性环境治理有力地推进了环境治理绩效的提升，其发挥的桥梁纽带和环境自律方面的作用为构建我国现代环境治理体系提供了有益的经验。

---

① 习近平. 决胜全面建成小康社会 夺取新时代中国特色社会主义伟大胜利——在中国共产党第十九次全国代表大会上的报告 [M]. 北京：人民出版社，2017：51.

第一节 行业协会商会参与自愿性环境治理的
国际经验、必要性与可能性

一、行业协会商会参与自愿性环境治理的国际经验

国外关于行业协会商会在自愿性环境治理中作用的研究主要有以下三个角度。第一个角度是大多数研究将行业协会商会视为企业参与自愿性项目的外部压力，证明了行业协会商会对会员企业参与自愿性项目并取得环境绩效发挥了重要作用，但未说明行业协会商会发挥作用的机制①。第二个角度是研究自愿性环境项目的制裁机制及其重要性。金和雷诺克斯（King and Lenox）研究了美国化工品制造商协会的"负责任的关爱"项目，发现由于缺乏明确的制裁机制，企业的机会主义行为导致行业自律难以维系②。雷诺克斯（Lenox）比较分析了四个行业协会的自愿性环境项目，发现其中两个项目因缺乏监督和制裁机制而导致了逆向选择，破坏了项目的有效性③。这两项研究从理论和实证上证明了监督和制裁机制的重要性，但其研究未解释何种因素影响了制裁机制的效果。第三个角度是研究行业协会商会参与自愿性环境项目谈判和实施的绩效。如贝利和拉普（Bailey and Rupp）研究了英国行业协会参与气候变化协定的谈判和实施，发现行业协会在与政府的目标

---

① Rivera J. E. Assessing a Voluntary Environmental Initiative in the Developing World: The Costa Rican Certification for Sustainable Tourism [J]. Policy Sciences, 2002, 35 (4): 333 – 360; Lyon T. P., Maxwell J. W. "Voluntary" Approaches to Environmental Regulation//Frazini M., Nicita A. Economic Institutions and Environmental Policy [J]. Routledge, 2002: 142 – 174; Jimenez O. Voluntary Agreements in Environmental Policy: An Empirical Evaluation for the Chilean Case [J]. Journal of Cleaner Production, 2007, 15 (7): 620 – 637.

② King A., Lenox M. Industry Self-Regulation Without Sanctions: The Chemical Industry's Responsible Care Program [J]. Academy of Management Journal, 2000, 43 (4): 698 – 716.

③ Lenox M. Industry Self-Regulation and Adverse Selection: A Comparison Across Four Trade Association Programs [J]. Business Strategy and Environment, 2003, 12 (6): 343 – 356.

谈判中的作用相对较弱，但在协定的后续实施中发挥了较重要的作用①。国外关于行业协会商会参与自愿性环境治理的研究已经较为广泛和深入，不过主要是个案研究。国内关于行业协会商会参与自愿性环境治理方面的研究，还是一个亟须进一步开拓的新领域。我国行业协会商会参与自愿性环境治理处于完全不同于西方的情境中，西方理论只能是一种参照而不能直接应用。因此，非常有必要对行业协会商会参与自愿性环境治理进行本土化研究。

二、行业协会商会参与自愿性环境治理的必要性

环境治理政策工具经历了从强制性监管向自愿性治理的转变。强制性环境监管作为传统的环境政策工具，指的是政府通过立法或条例的形式制定环境标准，并且，在通常情况下，制定相关环保技术以达到环境治理的政策目标。在发达国家，强制性监管政策尽管取得一定成效，但也因其高成本、低灵活性招致广泛诟病②。而在发展中国家，环境监管体制的不完善导致企业规避强制性环境监管政策的现象广泛存在，因而环境治理绩效不理想③。

自20世纪90年代以来，自愿性环境治理作为"环保政策的第三波"在发达国家迅猛发展并逐渐为一些发展中国家包括中国所采纳。自愿性环境治理起源于"21世纪议程"的推动，随着全球环境意识的提高，自愿性环境治理在全球得到了广泛的传播和实施。与传统管理手段相反，它最大的特点是行业协会商会和参与行动的排污企业成为重要的管理的主体。自愿性环境治理强调在制定和实施环境政策方面，政府、行业协会商会和企业之间更加密切的合作，以更灵活的方式和更低的成本达到环境治理目标。自愿性环境政策包括由各类国际组织（如 UNEP、ISO、国际商会）、工业协会发起的，

① Bailey I. , Rupp S. The Evolving Role of Trade Associations in Negotiated Environmental Agreements: The Case of United Kingdom Climate Change Agreements [J]. Business Strategy and the Environment, 2006, 15 (1): 40 – 54.

② Rondinelli D. , Berry M. Corporate Environmental Management and Public Policy: Bridging the Gap [J]. The American Behavioral Scientist, 2000, 44 (2): 168 – 187.

③ Eskeland G. , Jimenez E. Policy Instruments for Pollution Control in Developing Countries [J]. World Bank Research Observer, 1992, 7 (2): 145 – 169.

在法规要求之外，旨在推动排污企业改进环境行为的各种自愿性环境保护宪章、环境行为准则和环境管理标准。目前国际上比较成熟的自愿性环境管理手段有 ISO14001 环境管理体系标准、清洁生产、环境标志、欧盟的 EMAS 和化工行业的"责任关爱行动"等。发达国家运用自愿性环境治理这一政策工具的目的是鼓励企业超越（over-comply）现有立法或条例规定的环境标准，而发展中国家进行自愿性环境治理的目的主要是缓解对现有规定的环境标准的不遵守现象①。因此，自愿性环境治理对发展中国家环境绩效的提升更为重要。

行业协会商会的参与对经济发展和环境治理的影响具有两重性。一方面，行业协会商会在西方文献中通常被视为一种利益集团，其对经济发展的效应常常被认为是负面的。规制理论、集体行动理论和寻租理论都将其政策参与看成通过政治过程寻求利益再分配的途径。另一方面，无论是西方发达国家还是发展中国家，行业协会商会的有效参与促进了行业及经济发展。发达国家的行业协会商会能够纠正"国家失灵"和"市场失灵"，为市场稳定和经济增长作出积极的贡献②；发展中国家的行业协会商会通过市场支持和市场补充两种活动促进经济发展。良好的内部治理以及来自政府和市场竞争的有效压力是促进行业协会商会对经济发展产生积极效应的必要条件③。环境治理即经济问题，行业协会商会的参与既有可能因为集团利益损害公共利益，但也可能提升环境治理绩效、经济绩效和社会绩效，促进环境善治。

目前相当一部分自愿性环境项目的开展是以行业而非单个企业为单位的，因而行业协会商会积极参与并有效实施自愿性环境治理可以显著提升行业环境治理绩效。从内部治理功能来看，行业协会商会惩罚性制裁与选择性

① Blackman A. Can Voluntary Environmental Regulation Work in Developing Countries? Lessons from Case Studies [J]. Policy Studies Journal, 2010, 36 (1): 119 – 141.

② Unger J., Van Waarden F. Interest Associations and Economic Growth: A Critique of Mancur Olson's Rise and Decline of Nations [J]. Review of International Political Economy, 1999, 6 (4): 425 – 467.

③ Doner R. F., Schneider B. R. Business Associations and Economic Development: Why Some Associations Contribute More Than Others [J]. Business and Politics, 2000, 2 (3): 261 – 288.

激励机制的有效性是行业自愿性环境项目成功的关键因素①；从组织代表性来看，行业协会商会在代表企业与政府协商谈判自愿性环境协议和协议实施方面发挥了重要作用②。相关的实证研究还表明，行业协会商会的会员企业比非会员企业实施自愿性环境项目的可能性更大，其环境治理绩效更好③④。

三、我国环境治理的困境以及行业协会商会参与自愿性环境治理的可能性

我国政府占绝对主导地位的环境治理模式容易导致环境治理失灵。一方面，环境治理是中国经济可持续发展必须采取的措施，这是共识。但是，环境治理有可能在某个时间段降低 GDP 增速，因此以 GDP 为主要指标的地方政府绩效评价使得地方政府追逐"显性"绩效而忽视环境治理。另一方面，以强制性惩罚为主要手段的监管方式尽管有一定成效，但其缺陷也很明显：成本高，执行难，收效低。中国地方的政商主义影响了环境政策绩效。地方政府出于地方利益，为了不降低地方企业的竞争力，往往对企业污染行为听之任之。地方政府对环境监管的力度与政府对产业的保护意愿呈反向关系，一个产业对当地政府的财政贡献大，就会导致政府对其产生依赖，从而减轻政府对其监管的力度⑤。甚至面对严重污染，地方政府部门出于税源的考虑而不愿意使用惩罚工具⑥。但环境监管的实践使各级政府逐渐意识到，仅靠

① Lenox M. Industry Self-Regulation and Adverse Selection: A Comparison across Four Trade Association Programs [J]. Business Strategy and Environment, 2003, 12 (6): 343 – 356.

② Bailey I., Rupp S. The Evolving Role of Trade Associations in Negotiated Environmental Agreements: The case of United Kingdom Climate Change Agreements [J]. Business Strategy and the Environment, 2006, 15 (1): 40 – 54.

③ Jimenez O. Voluntary Agreements in Environmental Policy: An Empirical Evaluation for the Chilean Case [J]. Journal of Cleaner Production, 2007, 15 (7): 620 – 637.

④ Rivera J. E. Assessing a Voluntary Environmental Initiative in the Developing World: The Costa Rican Certification for Sustainable Tourism [J]. Policy Sciences, 2002, 35 (4): 333 – 360.

⑤ 杜凯，徐盈之. 我国制造业环境监管的实证研究 [J]. 科技进步与对策, 2007 (12).

⑥ Wang H. Wheeler D. Endogenous Enforcement and Effectiveness of China's Pollution Levy System [EB/OL]. http://ideas.repec.org/p/wbk/wbrwps/2336.html.

单一的强制性监管难以达到理想的环境治理目标，环境监管体制创新势在必行。有必要引进新的环境治理政策工具，使大量社会力量结成环境治理的公共行动网络，充分发挥社会组织在环境治理中的作用。如自 20 世纪 90 年代起，清洁生产、ISO14001 环境管理体系、环境标志等自愿性环境政策开始得以广泛运用。从近年来环境治理参与主体来看，公众、企业和社会组织都在环境治理中发挥越来越重要的作用。

我国行业协会商会的快速发展使之实施环境治理成为可能。从民政部的统计数据来看，自 2005 年起行业性社团在数量上超过了专业性、学术性和联合性社团，成为我国第一大类的社会组织。与其他社会组织相比，行业协会商会具有两大优势：一是行业协会商会有更高的自主治理能力。与工会、妇联和作协等体制内的社会组织相比，行业协会商会有更高的民间性和自主性；与草根组织和社区组织相比，行业协会商会有更多的经费来组织活动；与基金会和环境 NGO 等相比，行业协会商会有覆盖全国的系统性组织。总体上看来，行业协会商会比其他社会组织有更高的自主治理能力，这构成行业协会商会参与环境治理的内在条件。二是行业协会商会是最受政府支持的社会组织之一。党的十九届四中全会通过的《中共中央关于坚持和完善中国特色社会主义制度 推进国家治理体系和治理能力现代化若干重大问题的决定》指出：构建基层社会治理新格局，要发挥行业协会商会自律功能[①]。中共中央办公厅、国务院办公厅 2020 年 3 月印发的《关于构建现代环境治理体系的指导意见》，强调行业协会商会在环境治理中要发挥桥梁纽带作用，促进行业自律。行业协会商会因为能够有效推进经济增长而容易受到政府支持，这构成了行业协会商会参与实施环境治理的外部条件。

在科学发展观和习近平生态文明思想的指引下，我国的节能减排和环境治理成效显著，为经济的可持续发展和环境友好型社会建设初步奠定了基础。但我国的环境治理仍然面临严峻挑战：作为微观主体的企业面临着资金不足、技术创新能力弱、节能减排意识差等问题，而作为主要推动者的政府

---

① 中共中央关于坚持和完善中国特色社会主义制度 推进国家治理体系和治理能力现代化若干重大问题的决定 [M]. 北京：人民出版社，2019：30.

则面临着优化需求结构和产业结构、建立创新激励和保护机制、营造制度环境等重大任务。而更为关键的问题在于：在社会主义市场经济体制不断完善的今天，政府需要对环境治理进行方向指引和调控，但又不宜直接干涉企业的微观经营活动。这意味着，在环境治理过程中会出现企业与政府之间难以形成良性的合作关系的困境，导致环境政策工具难以达到理想的实施效果。因此，作为政府和企业之间的桥梁和纽带的行业协会商会，在环境治理中，作为第三方治理主体，既能有力地促进企业参与自愿性环境治理，又能有效协助政府落实环境政策。

20 世纪 80 年代，随着我国行政机构改革、政府职能转变的开展，大批行业协会商会出现，各级政府开始将原来由政府承担的行业管理和服务职能逐步向行业协会商会转移，行业协会商会作为现代市场经济中有别于市场和政府的"第三部门"也开始在推进行业健康发展方面发挥重要作用①。在民营经济发达地区，作为行业利益代表的行业协会商会无疑是实施自愿性环境治理的首选主体。改革开放以来，行业协会商会在沟通企业和政府、加强行业自律、开拓国内外市场、打造区域品牌等方面发挥了不可或缺的作用。在环境治理过程中，以行业协会商会为主体建设的公共信息平台、标准化生产基地、污染处理中心以及实现的环保技术创新，都是环境治理的重要内容。因此，自愿性环境治理中不可忽视行业协会商会曾经发挥和将来可能发挥的作用。

行业协会商会在参与行业管理和职能履行方面积累了广泛的经验，行业协会商会承接转移环境治理部分职能的平台条件已经基本成熟。行业协会商会的整体实力不断增强，实际履行的职能不断拓展。部分行业协会商会已具备较强的服务意识，在向会员企业提供服务方面积累了不少经验，在行业中也有一定的地位和影响力，为政府向行业协会商会转移职能提供了良好的起始条件。行业协会商会与政府合作的积极性较高。政会分开工作基本完成后，一方面，行业协会商会的自主性和自主意识有了较大的提高，对行业公共事务的参与意识进一步增强；另一方面，财力、人力和物力紧张等制约行

---

① 余晖，等. 行业协会及其在中国的发展：理论与案例［M］. 北京：经济管理出版社，2002.

业协会商会发展的瓶颈因素也日益凸显，促使行业协会商会要努力实现收入渠道的多元化，提高自身的资源汲取能力，在双方平等的前提下，大部分行业协会商会都愿意加强与政府的合作。

政府环境治理部分职能向行业协会商会转移符合服务型政府建设和行业协会商会管理体制改革的总体趋势。通过职能转移和公共服务购买，政府专注于行业全局性、战略性的决策、规划和审批工作，可增强行业主管部门的宏观调控和指导能力。同时，政府购买行业协会商会服务还可以有效缓解经费、人员等资源匮乏这一制约行业协会商会发展的主要问题，有利于行业协会商会的培育与发展。行业协会商会虽然民间化程度较高，但对政府依然存在一定程度的依赖，在参与公共服务中行业协会商会处于被动地位，政府环境治理部分职能向行业协会商会转移，无疑是理顺政会关系的有效途径，可以改善行业协会商会与政府间的协作关系，同时增强行业协会商会服务企业的能力，提高行业协会商会在行业管理中的地位，与政府和企业形成合力，共同构成完善的行业管理体制。

第二节　中国情境下行业协会商会参与自愿性环境治理：基于三个案例的研究

温州市中小企业高投入、高消耗、高排放、低效率的粗放式发展模式不可避免地导致严重的资源、能源浪费和环境污染、生态破坏问题。在环境治理中存在的困境是：一方面，很多高耗能、高污染、高危害产业是支柱产业或产业链中的关键环节，如果简单地依法"关停并转"就会使该行业及关联性行业陷入崩溃，但如果不依法整顿又会使"公地悲剧"日趋严重；另一方面，绝大多数温州企业的"低小散"状况给环保部门治理环境污染带来很大的难度，治理成本高且效果很不明显。正是在这一背景下，温州市合成革商会、温州市电镀协会、乐清市电线电缆行业协会等行业协会商会积极参与自愿性环境治理，取得了突出的成绩。

案例1　温州市合成革商会以技术创新和资源共享方式治理"三废"①

温州市合成革业起步于20世纪90年代初，经过多年的发展和提升，如今的温州市是全国乃至亚洲最大的合成革生产基地，拥有"中国合成革之都"的国家级金名片。目前温州市已拥有上规模合成革生产企业110多家，绝大部分企业是温州市合成革商会的会员企业。由于温州市合成革污染治理成本较高，单个企业因规模效应和技术问题而不愿意对"三废"进行无害化处理。机场大道沿途的阵阵臭味，曾是广大市民关注的环保热点②，而臭味主要是合成革企业排放的气体DMF、二甲胺和化工、天然皮革等企业排放的废气。在公众和政府的压力下，同时也是出于合成革行业长远发展的考虑，温州市合成革商会基于集中治理与分散治理相结合的原则，以技术创新和资源共享方式开展业内治污工作。

商会组织投资1100万元，于2007年建成全国首家合成革固废（残液）无害化处理中心，使龙湾区和市经济技术开发区的合成革行业的固废（残液）全部实现集中无害化处理。商会建立环保自查自纠队，推动行业"三废"治理和节能减排。在商会的号召和引导下，各企业共投入4亿多元，用于清洁生产工艺改造和"三废"治理设施购置。凡是在治理"三废"工作中，工艺取得突出成效的，商会立即在全行业予以推广，实现资源共享。如2005年，宏得利公司重新研究改善了DMF回收装置，实施一个回收塔对应一条干法生产线的方式，使DMF回收率达到了95%。这一工艺被商会在全行业推广后，温州市合成革行业每年仅DMF回收再利用这一项就可降低生产成本近2亿元。近年来，为加快推进行业有机挥发物（VOC）的治理工作，商会数次召开有会员企业的负责人、技术（环保）副总、环保工程师和环境治理专家参加的VOC治理技术交

---

　　①　作者根据调研资料整理。

　　②　课题组2010年5月对温州市合成革聚集区的调查显示，被调查居民认为合成革企业所排放的污染物对周边环境影响很严重、严重、较严重和不严重的比重分别占19%、38%、35%和8%；59%的被调查者迫切要求政府部门进一步加大对合成革行业污染的监督和治理力度，33%的被调查者认为政府部门需要适当加大对合成革行业污染的监督和治理力度。

流会，并推动温州市人造革有限公司与浙大等高校和科研单位合作研究VOC废气治理技术，通过专家验收，并在全省合成革行业推广，让合成革告别污染的"黑印象"。商会还鼓励和推动各企业探索使用环保型新材料，以求从源头上治理污染。温州市长丰人造革有限公司、温州市合力革业有限公司、温州市胜奥革业有限公司等都在绿色合成革产品上作出积极尝试。

温州市合成革行业企业在环保和节能上做了很多领先国内的探索：率先实现干湿法生产线DMF废气回收装置并全面推广；率先创建合成革固废处理中心；率先采取生产线封闭系统；自筹资金建立废气检测室；率先全面完成合成革企业的脱氨塔的运行情况、湿法生产线DMF回收塔运行情况、废水处理后的流量、pH四位一体的监控体系和pH、COD监测体系；全面启动企业突发环境事件应急预案的制订和管理等。目前，温州市合成革行业单位产值能耗大幅下降，DMF回收、废固处理技术已达到国内行业先进水平，区域环境质量得到明显改善。通过多年的努力，温州合成革行业成为典型的循环经济行业。国家环保局对温州市合成革行业的环境治理方式予以高度评价，认为通过行业协会推动行业治污可能是未来环境治理工作的重要方向。

案例2　温州市电镀协会集中生产治理"污水"①

伴随温州市轻工制造业的崛起，电镀产业得以迅速发展。温州电镀产业作为产业链的配套环节，承担起打火机、眼镜、锁具、剃须刀、汽摩配、拉链等行业约500亿元年产值的表面处理工艺。电镀业的发展带来两个方面的效应：一方面，电镀业已成为温州市支柱产业中不可替代的重要基础性行业，它为打造温州轻工城作出了重要贡献；另一方面，由于电镀过程伴随着有毒有害物质的产生，产业发展的同时带来了严重的环境污染。据不完全统计，2005年全市电镀企业超过1500家，生产电镀槽总规模达1500多万升，每年废水排放总量达到900多万吨。

---

① 作者根据调研资料整理。

在环境治理方面，温州市电镀协会主要通过打击非法生产和创建生产基地来治理污染问题。电镀行业"低小散"现象特别严重，存在大量非法生产和乱排放的小企业。在电镀协会调查和协助下，执法部门对电镀企业实行"关停淘汰一批、整合入园一批、规范提升一批"，强力推进电镀业整治。温州市电镀业通过整治摘掉了"环境污染重点严管区"的帽子，并从"低小散"逐步向集中成片生产和集聚规模化方向发展。早在2007年，在温州市电镀协会的建议和协助下，全市规模最大的电镀业生产园区——后京电镀基地建成，在全市率先实现电镀污染集中治理。同时，电镀协会争取到省政府破例特批2000亩土地用于电镀基地建设，市区范围除少数环保标杆式企业外，其他电镀企业全部在2012年6月底前入园生产。园区建立电镀污水处理工程，以实现集中治污。通过整治入园，2013年初，温州市区电镀企业由458家整合为223家，自动化率达到80%以上，主要重金属污染物排放削减量达30%以上。现在，总投资40多亿元的8个电镀基地已经建成。从2017年开始，协会逐步在全市电镀园区推广"环保管家"这一新兴的环境服务治理模式。这种新型模式让第三方专业机构的"环保管家"参与企业污染防范等日常运维工作，逐步建立从"谁污染，谁治理"到"排污者付费担责、第三方依约治理、政府指导监管"的治污新机制。采用"环保管家"服务模式之后，企业投入的运维成本下降30%，投入环保治理的时间减少80%。温州电镀协会将规模经济、资源共享和环境治理结合起来，以产业集聚促进产业转型升级。

案例3　乐清市电线电缆行业协会将制定行业标准、行业转型升级与环境治理结合[①]

温州乐清市是浙江省电线电缆制造业的重要生产基地，电线电缆是乐清市工业经济的支柱产业之一。一直以来，国内包括乐清电线电缆企业大量使用橡胶、聚氯乙烯、聚乙烯等高分子化工材料，在生产过程中

---

① 作者根据调研资料整理。

产生大量的二噁英、铅、卤素等有毒有害物质；以非国标聚氯乙烯材料作为绝缘外壳生产的电线电缆，一旦遇火会产生黑烟，并释放出大量氯化氢气体等有毒物质，危及人体生命安全；生产废料处理缺乏规范管理，造成严重的二次污染。

乐清市电线电缆行业协会不仅积极收集行业污染信息、管理企业污染，还成立了由几家大企业中的高级工程师组成的"专家服务组"，主动上门免费为中小企业解决治污工艺、能耗、资源循环利用等技术难题，甚至帮助中小企业转型升级。2010 年 5 月，为了把绿色、环保、安全的理念贯穿电线电缆企业产品研发、生产、营销的各个环节，乐清市电线电缆行业协会提出制定与实施环保电线电缆联盟标准。2011 年 1 月开始，由总年产值占乐清电线电缆企业年产值80% 的 26 家会员企业自愿实施该标准。协会还制定了《乐清市电线电缆行业实施环保电线电缆联盟标准行业自律制度》，开展行业督查工作。该标准推动企业向绿色、低碳、可持续发展方向转型，减少了环境污染，提高了资源的利用率，降低能耗。实施联盟标准后，26 家联盟企业的单位产值能耗量大大降低，万元产值能耗量从2010 年的 134.65 度标准电降到 2011 年的 129.10 度标准电，同比下降4.12%，而联盟企业生产的绿色、环保、清洁的电线电缆产品合格率从95.6% 上升到 98.18%。根据标准采用的环保阻燃材料，不易着火，即便着火，也只会产生少量白烟和有毒气体，提高了乐清电线电缆产品的整体质量，这使乐清电线电缆企业在一定程度上掌握了市场话语权，甚至提高了国际竞争力。该标准填补了国家环保电线电缆生产标准的空白，具有国内领先水平，被环境保护部科技标准司采纳，上升为国家电线电缆环保产品认证的标准。乐清市电线电缆行业协会把制定行业标准、行业转型升级与环境治理结合起来，实属创举。

温州市合成革商会、温州市电镀协会和乐清市电线电缆行业协会参与自愿性环境治理的经验表明：自愿性环境治理能较好地解决资源短缺和环境污染两大困境。例如，温州市合成革商会在行业企业推广的 DMF 回收、废固处理技术是具有正外部性的准公共产品，它的模仿和扩散能够带来社会福利的极大改善。政府强制性监管政策和措施由于高成本和低灵活性而存在较大局限，而行业协会商会拥有信息充分和集体行动效率等比较优势，可实现环境绩效和行业发展的双赢。行业协会商会在收集行业污染信息、创新治理工艺、污染规模化处理和制定行业环保标准等方面比环保部门和个体企业更具优势，治理效果更好，有效弥补了政府和个体企业的不足；在参与自愿性环境治理过程中，行业协会商会使环境治理的集体行动成为可能，从而使政府与行业、行业与公众以及企业与企业在一定程度上实现诉求的一致和利益的均衡。

第三节　行业协会商会参与自愿性环境治理的关键因素：地方政府的制度创新与行业协会商会的治理能力提升

作为政府与企业之间的桥梁和第三方治理主体，行业协会商会参与自愿性环境治理的关键在于行业协会商会能否获得政府与企业的支持。从政府与行业协会商会的关系来看，行业协会商会参与自愿性环境治理需要政府的制度创新与空间开放；从行业协会商会与行业企业的关系来看，企业是否支持行业协会商会实施自愿性环境治理取决于其治理能力。

一、地方政府制度创新与环境治理模式的转变

20 世纪 80 年代，温州民营经济的发展陷入了市场失灵的困境：相互模仿、互相杀价、假冒伪劣等恶性竞争现象大量出现。但地方政府并没有以构建强势政府来替代市场发挥作用，恰恰相反，对于行业协会商会的兴起，采取了从最初的默许、观察和不干涉到后来的支持、鼓励和引导的态度。而且，鉴于行业协会商会在行业治理中所起的不可替代的作用，地方政府通过向行业协会商会转移职能，使之与地方政府共同匡正市场失灵和政府失灵。通过持续地以移交、授权、委托、购买等方式将职能转移给行业协会商会，政府与行业协会商会的职能边界逐渐清晰。行业协会商会的职能由质量建设

转向推进产业升级，由经济管理扩展到社会管理。1999 年，温州市政府发布的《行业协会管理办法》赋予行业协会 16 项职能，这为行业协会商会的职能履行确立了一个基本框架；2005 年，温州市政府办公室发布《进一步促进行业协会（商会）规范化发展的若干意见》，明确提出建立政府与行业协会商会之间的"授权与合作""监管与平等"的新型关系，将行业协会商会能够行使的管理职能转移到行业协会商会；2010 年，温州市政府办公室发布《关于开展政府技术性服务性职能向行业协会转移试点的实施意见》，向行业协会商会转移 10 项职能①，并选择 30 多家行业协会商会为试点单位；2013 年，温州市制定出台《温州市推进政府向社会组织转移职能工作总体方案》，提出"一年初步破题、两年逐步推广、三年形成机制"的整体工作思路并选择以温州市鞋革协会为政府职能向社会组织转移工作的试点单位。2014 年 9～10 月，温州市政府办公室印发《2014—2015 年温州市政府向社会力量购买服务年度指导目录》《温州市政府职能向社会组织转移暂行办法》《温州市政府职能向社会组织转移目录（第一批）》《温州市政府职能向社会组织转移目录和市本级具备承接政府职能转移条件的社会组织目录（第一批）》，明确了向社会组织购买服务的范围、界限、程序和方式，并提出行业协会商会职能转移的"七步工作法"②。2015 年，温州市实施行业协会商会承接政府职能转移的"1122"扩面工程③。如今，温州市政府向行业协会商会的职能转移逐步得到落实，技术创新、节能减排、转型升级等成为对行业协会商会进行考核的重要指标。

在总结行业协会商会参与自愿性环境治理经验的基础上，为了助推行业协会商会进一步参与环境治理，温州市环保局于 2010 年 4 月发布《行业协会参与环境管理试点实施方案》。根据该方案，行业协会主要参与三部分环

---

①　这 10 项职能包括：行业统计、行业调研和运行分析；行业发展规划制定和修订；人才培训和继续教育；各类行业人才培养选拔、推荐、技术人才职称评审等；环保与污染整治、安全生产管理中的技术性服务职能；组织展览展销会；行业技术标准规范的起草、制定；产品质量安全管理中的技术性服务性职能；行业国际贸易预警；其他适宜行业协会承接的政府职能。

②　"七步工作法"：一是公告事宜；二是报名竞争；三是公示名单；四是签订协议；五是事项交接；六是履行协议；七是监督评估。

③　即在全市 11 个县（市、区）的工商联系统全面实施行业协会商会承接政府职能转移工作，在全市 22 个重点行业协会商会全面推开承接政府职能转移工作。

境管理工作：一是由行业协会承接技术性、服务性职能，如环保治理设施操作人员上岗培训、环评报告书专家评审、环保治理方案专家评审等；二是就行政许可事项积极征求行业协会的意见，并鼓励行业协会积极参与建设项目环境影响评价文件审批、排污许可证的发放与审验工作；三是每季度定期由市环保局向行业协会及时通报项目审批、许可证发放、行政处罚、排污费核定与征收等政府信息。同时，政府对行业协会给予必要的资金支持，以加强行业协会环境治理能力建设。从该方案可以看出，温州市环保部门将部分环境管理职能转移给行业协会承接履行，将行业协会引入环境治理工作，此项举措意义巨大。一方面，深化了行政体制改革，进一步转变政府职能，创新行政管理方式，提高政府科学管理水平，实现了"政府减负"；另一方面，通过行业协会承接政府环境管理职能，创造性地构建了环境治理的"温州模式"。这意味着温州的环境治理从由政府实施的强制性监管向由行业协会商会参与的自愿性治理转变，从以国家为核心的单一治理模式迈向多中心治理或整体性治理格局。

二、以制度建设和治理绩效为核心的行业协会商会治理能力的提升

温州地区的行业协会商会，被视为"真正的民间商会"，"发育良好，而且起到了很好的自治作用"[1][2]。相比较而言，温州市行业协会商会有较强的自主性。又由于自愿入会和自筹经费，行业协会商会必须面向会员，并在服务提供和会员支持的互动中提升治理能力。一般而言，主要从三个方面评估行业协会商会治理能力：组织制度与组织管理、政府与行业企业的支持力度以及治理绩效。

温州市合成革商会、温州市电镀协会和乐清市电线电缆行业协会的组织制度完善，组织管理能力较强。表现为：第一，会员（代表）大会和理事会

---

① 吴敬琏. 建设民间商会［EB/OL］. http：//www. ccoc. biz/Article/ShowArticle. asp? ArticleID = 185.
② 吴敬琏，江平，张卓元. 法治中国［EB/OL］. http：//www. chinareform. net/2010/0226/13073. html.

运行有效。会员（代表）大会按章程一年召开一次，2016 年度会员到会比率达到90%；理事会有正式的内部分工，每季度或半年召开一次，最近一次理事会的成员到会率超过90%。第二，制度建设较健全。在组织章程、会员大会制度、会长工作制度、理事会工作制度、内部监督制度、秘书处工作制度、财务管理制度、会费收缴管理制度、档案管理制度和工作人员激励制度 10 项制度上，三家协会商会都有 8 项以上。第三，制定有效的组织战略、年度计划和总结。三家协会商会都有正式的战略规划，且这些规划具有较强的指导作用；有正式的计划和总结，并且能够严格执行和控制。第四，有较为严格的流程管理。三家协会商会都有正式的流程管理规范，在实际工作中严格执行；各项工作会议能够按章程规定的程序召开，并有正式的书面记录。

　　行业协会商会的治理绩效主要体现在职能履行方面。根据《温州市行业协会管理办法》赋予行业协会的 16 项职能，可以从意愿、能力、频率和效果四个方面考察行业协会的职能履行情况。从问卷调查来看，三家行业协会商会在职能履行方面虽然能力低于意愿，效果低于频率，但没有非常明显的差距。在行业调查与统计、行业自律、维护会员合法权益和协调会员关系、行业内部价格的协调和同行议价、组织本行业的展销会和招商会等活动、组织培训与教育、参与行业发展规划和企业安全生产监督管理等重要职能履行上，三家行业协会商会的四项指标平均值均在 4 分以上[①]。

　　良好的制度运行和治理绩效使行业协会商会能够得到政府和行业企业的高度支持。首先，环境治理是政府与行业协会商会共同关心的问题。从政府与社会组织关系来看，社会组织与政府的利益契合程度是获得政府支持的关键因素[②]。自愿性环境治理可以提高环境治理绩效和降低政府财政支出，理所当然可以获得政府的支持。但除了意愿之外，政府还要考察行业协会商会

---

　　① 本项调查采用五分制。履行意愿：没有意愿履行（1 分）；主要由政府或企业履行，协会有限参与（2 分）；协会积极参与（3 分）；主要由协会履行，政府或企业参与（4 分）；完全由协会履行（5 分）。履行能力：不具备履行职能所需能力（1 分）、能力有限（2 分）、能力一般（3 分）、能力较强（4 分）、完全具备履行职能所需能力（5 分）。履行频率：没有（1 分）、较少（2 分）、偶尔（3 分）、定期（4 分）、时常（5 分）。履行效果：差（1 分）、较差（2 分）、一般（3 分）、较好（4分）、好（5 分）。

　　② 江华，张建民，周莹. 利益契合：转型期国家与社会关系的一个分析框架［J］. 社会学研究，2011（3）.

有没有参与自愿性环境治理的能力。三家行业协会商会良好的治理绩效使之获得政府的支持成为可能。其次，在自愿入会的前提下，三家行业协会商会有着相当高的入会率，均在 90% 以上。高入会率使行业协会商会保持良好的财务状况，过去 5 年三家行业协会商会的财务收入均在 50 万～100 万元，能够有效地维持行业协会商会的日常开支。政府的支持使行业协会商会有更大的运行空间和更多的政策资源，行业企业的支持使行业协会商会有更高的代表性、合法性和更多的经费支持。

第四节　结语

温州市行业协会商会之所以能够在环境治理中发挥重要作用，其原因在于：一方面，自下而上自发生成的温州市行业协会商会缺乏政府资金支持和对行业企业入会的强制力，为了维持行业协会商会运转，只有通过不断提高服务会员质量以吸引行业企业入会和缴纳会费，由此具备了较高的自主治理能力和行业代表性，从而在环境治理中能够较好地协调行业集体行动和推动行业技术创新。另一方面，温州市政府通过各种措施支持、鼓励和引导行业协会商会发展，通过政策调整的制度建设为行业协会商会提供了一个良好的成长环境。因此，在地方政府、行业协会商会和企业之间形成了一种良性互动机制，行业协会商会参与自愿性环境治理正是这一关系运行合乎逻辑的结果。温州的经验表明，推进行业协会商会参与自愿性环境治理既需要创新社会组织管理体制和实现政府职能转移，又需要通过完善内部治理机制来提升行业协会商会的自主治理能力。

行业协会商会参与自愿性环境治理的其他影响因素包括：

1. 政府的需求程度。目前，我国以政府为唯一主体的环境治理方式面临困境。各级政府也逐渐意识到，由于相关法律制度和环境监管体制的不完备，仅靠强制性监管难以有效达成环境治理的目标，因而开始加强环境监管体制的改革，强调发挥社会力量在自愿性环境治理中的作用①。

2. 行业协会商会和企业自身的需要程度。行业协会商会参与自愿性环境治理是出于维护行业利益、促进行业发展的自我需要，它能够为企业带来切实的好处。比如由行业协会商会组织的清洁生产，既能降低企业自我防治污染所需要的高昂成本、规范企业生产过程、提高社会声誉，还有利于克服仅由政府监管而导致的监管不全面和不深入，以及企业自我管理容易松弛等缺陷。

3. 政府与行业协会商会在环境治理中的职能边界的清晰程度。目前政府与行业协会商会在环境治理中的职能边界模糊，政府主导与行业协会商会的参与职能尚不清晰。如同全国大多数地区一样，由于没有一个明确的标准来界定政府与行业协会商会的职能边界，以至于行业协会商会的职能配置看起来比较笼统。

4. 行业协会商会的治理水平和功能发挥程度。具有较健全治理结构和较高治理绩效的行业协会商会也会陷入失灵困境，原因在于行业协会商会职能构成不合理、行业协会商会入会率低和权力结构不尽合理、制度环境不完善以及政府机构及政策变动②。

进一步的研究将把立足点放在行业协会商会发挥作用的机制机理研究上，通过调研一定数量的行业协会商会和会员企业，分析政府的需求程度、行业协会商会和企业自身的需要程度、政府与行业协会商会在环境治理中的职能边界的划分以及行业协会商会的性质、功能、治理结构等因素和自愿性环境治理的关系，以求进一步探讨"第三条道路"以促进环境治理与行业协会商会发展的良性循环。

---

① 江华，张建民. 行业协会实施自愿性环境治理的温州经验 [J]. 社团管理研究，2010 (10).
② 张捷，徐林清，等. 商会治理与市场经济——经济转型期中国产业中间组织研究 [M]. 北京：经济科学出版社，2010.

| 第六章 |

结论与政策建议

　　本书从党建对行业协会商会参与国家治理体系现代化的作用及国家治理体系现代化视角下行业协会商会在政会关系重构中的作用、在市场治理中的作用以及在参与自愿性环境治理中的作用四个方面对行业协会商会在国家治理体系现代化建设中的作用进行理论分析和实证研究，并在此基础上提出充分发挥行业协会商会在国家治理体系现代化建设中的积极作用的政策建议。下面从这四个方面总结本书研究的主要结论并在此基础上提出政策建议，展望未来的研究议程。

一、党建对行业协会商会参与国家治理体系现代化的作用

　　本部分主要探讨党建对行业协会商会参与国家治理体系现代化建设所发挥的作用以及为了促进党建更有效引领行业协会商会参与国家治理体系现代化，提出加强行业协会商会党建工作的建议。

　　对党建在行业协会商会参与国家治理体系现代化建设所发挥的作用的研究发现，党建对行业协会商会参与国家治理体系现代化发挥作用的机制包括前置机制和实现机制。前置机制是党组织和党的工作的有效覆盖，这是确保党建对行业协会商会参与国家治理体系现代化发挥作用的基础。后双重管理体制时代在行业协会商会加强党的领导的举措是党组织和党的工作有效覆盖的决定性因素；行业协会商会党建的积极主动性则是党组织和党的工作有效

覆盖的能动性因素。党组织与行业协会商会的"双向奔赴"和积极互动促成党组织和党的工作的有效覆盖,这构成党建对行业协会商会参与国家治理体系现代化发挥作用的前置机制。党建对行业协会商会参与国家治理体系现代化发挥作用的具体的实现机制则包括政治引领机制、价值引导机制、资源激励机制、治理支持机制和运行监督机制。

在行业协会商会参与国家治理体系现代化过程中,党建的政治引领机制、价值引导机制和资源激励机制激发行业协会商会参与治理的内生动力;资源激励机制提升行业协会商会参与治理的合法性;政治引领机制、价值引导机制和运行监督机制引领行业协会商会治理正确方向;治理支持机制和运行监督机制助推行业协会商会组织能力提升,从而促进行业协会商会治理能力的提升,使其在政会合作、参与市场治理与社会治理中更好地发挥作用,从而提升行业协会商会在参与国家治理体系现代化进程中的治理绩效和竞争实力。

在党建引领下,行业协会商会在国家治理体系现代化建设中更好地发挥了作用。目前行业协会商会党建工作全面推进并取得显著成效,但研究发现存在以下问题:一是行业协会商会存在对党建的重要性认识不到位的现象。二是一些行业协会商会党建工作问题较突出。三是部分行业协会商会党组织难以发挥战斗堡垒作用,特别是对行业协会商会在后双重管理体制时代出现的竞争无序问题和治理失范缺乏有效监管。四是后双重管理体制时代行业协会商会党建管理体制不健全。

当前是行业协会商会为国家治理体系现代化作更大贡献的契机,也是自身发展的大好时机。要使党建更好地引领行业协会商会发挥作用,本书提出以下建议:一是坚持和强化党的领导,发挥党组织的政治核心作用,注重加强党对行业协会商会的政治引领和示范带动。二是坚持党的领导和行业协会商会依法自治有机统一,也就是说,在党的领导的原则之下,既要充分发挥党的政治核心作用和党组织的战斗堡垒作用,又要保持行业协会商会参与国家治理体系现代化过程中的自主性和相对独立性。三是应对挑战,把握变化,赋权赋能、帮助行业协会商会更好地参与国家治理。党组织应将党建与行业协会商会参与国家治理体系现代化相衔接,以党建促进行业协会商会在参与国家治理中更有效地发挥作用。四是后双重管理体制时代应加强对行业协会商会的党建监管。确保脱钩过程中特别是脱钩后党建工作不间断、党组织作用不削弱。

另外，基于党建对行业协会商会参与国家治理体系现代化发挥巨大作用的事实，行业协会商会应抓住后双重管理体制时代在行业协会商会加强党的建设的契机，积极主动开展党建，加强党会互动，拓展资源汲取渠道，加强自身能力建设，促进自身在参与国家治理体系现代化进程中发挥更大作用。

二、国家治理体系现代化视角下行业协会商会在政会关系重构中的作用

本部分基于脱钩后S市A区行业协会商会的实证分析，主要探讨新型政会关系中行业协会商会组织转型的过程模型以及行业协会商会组织转型的模式与挑战。

1. 对新型政会关系中行业协会商会组织转型的过程模型的研究发现，行业协会商会组织转型大多经历"危机意识—厘清思路—建立指导团—制定规划—执行规定—转型举措制度化"六个阶段；基本动因包括脱钩改革带来的政策变化和资源困境；为实现组织转型，行业协会商会采取了制定发展计划、进行财务审查、咨询外部专家等"组织理性化"举措；行业协会商会组织转型的结果体现在结构规范、制度完备、人员专业、服务精细四个方面。研究还发现，行业协会商会组织转型主要是一种外在关系驱动下的转型，换言之，是政会关系变化带来转型需要。正因为如此，脱钩改革前与政府处于不同关系形态的行业协会商会对组织转型的需求不尽相同，转型过程和结果也呈现差异。此外，由于大多数行业协会商会长期依赖于政府，组织能力较弱，而脱钩后政府急剧减少资源投入，行业协会商会的组织转型总体较为迟缓。

为推进行业协会商会组织转型，本书提出以下政策建议：一方面，行业协会商会应及时有效地进行组织转型以抓住脱钩改革的机遇。基于本研究提出的组织转型过程模型，行业协会商会需要为组织转型开展积极的准备工

作，可以通过咨询外部专家、制定组织计划、加强财务审计等方式，获取组织进一步发展的思路和增强组织规范性发展的压力；在转型过程中，需要树立结果导向的理念，即以促进行业协会商会战略方向、组织结构和服务模式的转型升级为目标，为达成这些目标进行相应的组织、制度变革和资源调配。另一方面，受传统政会关系的影响，行业协会商会普遍存在资源缺乏、能力不足等问题，并因此在组织转型上乏力。政会脱钩的目的是建立有利于发挥行业协会商会作用的新型政会关系，在这种关系中，两者身份独立，但政府不应因此丧失培育扶持行业协会商会的职能，在脱钩初期政府尤其需要加大指导和帮扶力度，通过职能转移、项目委托等形式帮助行业协会商会渡过难关。

2. 对新型政会关系中行业协会商会组织转型的模式与挑战的研究发现，三家行业协会商会在脱钩后的新环境中选择了不同的转型发展道路，呈现出一定的模式特征。合作型行业协会商会选择了合作发展模式，仍然希望以政府为主要的资源来源；主导型行业协会商会同时重视来自政府和市场两个方面的资源，形成了混合发展模式；服务型行业协会商会以会员服务为主导性业务，形成了市场化的发展模式。

三类行业协会商会在转型发展过程中遇到一些共同的挑战和问题：一是脱钩改革在职能上实现了行政机关与行业协会商会的分离，但是在厘清政会职能边界、政府向行业协会商会转移职能方面却进展迟滞。因此，脱钩后的行业协会商会都急切期盼政府加快释放职能"空间"。二是受"直接登记""一业多会"制度，以及经济与非经济组织边界日益模糊等因素的影响，行业协会商会面对日益激烈的市场竞争，这对长期处于垄断地位的行业协会商会意味着莫大的压力。三是目前的政会合作中还存在一些诸如个人社会资本、政策导向等偶然性的因素，如何建立合作关系，并保持合作的稳定性和可持续性，是摆在行业协会商会面前的共同问题。

为进一步完善制度环境、促进行业协会商会成功转型，本书提出以下政策建议：一是加快厘清政会职能边界和推进政府职能转移。政府需要尽快明确哪些职能应由政府履行，以何种方式履行，凡是不属于政府职能的行业治理功能，都应交还给行业协会商会。二是加大购买服务力度、完善购买服务机制。相关部门应积极推进向行业协会商会购买服务工作,充分发挥行业协会商会的优势,并且在购买服务的过程中,应规范购买流程。三是完善政会沟通、合作机制。政府需要建立行业协会商会的对话沟通机制,在政会合作问题上,需要进一步完善相关政策,明确政会合作的领域、范围和形式,以及双方的权利和义务,以为行业协会商会提供合理的行为预期。四是加强对行业协会商会的政策引导。政府还需要加强对新形势下行业协会商会转型发展的研究,为行业协会商会发展提供新的政策指南。以此为基础,政府可以加强对行业协会商会的政策宣传和培训教育,提高其转型发展的自觉性。

三、国家治理体系现代化视角下行业协会商会在市场治理中的作用

本部分主要进行两个方面的研究:行业协会商会在区域经济一体化发展中的作用研究以及行业协会商会在国家创新体系中的地位和作用研究。

1. 对行业协会商会在区域经济一体化发展中的作用研究发现,行业协会商会在推进区域经济一体化中体现出一些共性作用,主要包括:提供区域性信息服务;开展区域性交流活动;搭建区域性平台。可见,行业协会商会在区域经济一体化中所发挥的主要是行业服务功能,但仍存在区域性行业代表、协调、自律功能欠缺,服务功能的广度和深度不足等问题。

行业协会商会发挥作用的资源依托包括:所处行业具有一定优势;组织治理较为完善;拥有较充足的财务和人力资源;获得了政府的大力支持。

行业协会商会发挥作用的限制性因素包括行业协会商会自身的生成和发展路径、职能空间大小和外部制度环境。

为进一步发挥行业协会商会在区域经济一体化发展中的作用,本书提出以下政策建议:第一,对于行业协会商会来说,行业协会商会可以在服务功能上进行深耕,成为区域产业结构优化的助推者、区域科技创新的引导者、区域智力资源的协调者、区域行业标准的制定者,同时加强行业自律、协调功能,成为区域行业信用的维护者和区域知识产权的保护者。此外,行业协会商会还需要发挥行业代表功能,特别应积极影响公共政策,争取进一步发

挥作用的制度空间。第二，对政府来说，政府应主动变革，将行业协会商会纳入区域经济一体化的主体体系、加快政府职能转移，以及放宽联合性行业协会商会登记政策，具体而言：首先，充分重视行业协会商会作用，重构区域经济一体化的组织体系。其次，进一步转变政府职能，为行业协会商会释放职能空间。最后，放宽政策，允许行业协会商会建立联合性组织。

2. 基于国外典型案例，对行业协会商会在国家创新体系中的地位和作用的研究发现，行业协会商会在国家创新体系中扮演着公共机构的角色，对技术创新发挥的作用包括技术创新的引领和推动者、技术创新的重要组织和协调者、创新基础设施建设的重要支持和投入者。

行业协会商会参与创新活动的动机源于工商业界人士创建、加入行业协会商会的初始目的和追求；行业协会商会参与创新的形式和效果受内外部多种因素的影响，其中内部因素包括组织属性、行业属性、发展阶段（能力类型）、领导人和组织发展理念以及会员结构。外部因素则包括经济环境、技术进步加快的趋势以及国家创新体系的框架制度。其中政府的培育对充分发挥行业协会商会在国家创新体系中应有的作用具有关键意义。行业协会商会促进创新的运作机制主要包括：成本分摊和成果共享机制、多元化的协作机制以及网络乘数机制。

为明确行业协会商会在国家创新体系中的地位，促进其作用发挥，提出以下政策建议：第一，建议学术界、科技界，特别是从事行业协会商会研究和管理的学者和实际工作者，进一步加强对行业协会商会在国家创新体系中地位和作用的理论和实证研究，为国家制定相关政策提供依据。第二，建议中共中央、国务院和国家发展和改革委员会、科技部、工业和信息化部等部门尽快把行业协会商会纳入国家创新体系和科技体制改革方案，明确其主体地位和基本功能，并制定相关的激励政策，以引导和促进行业协会商会发挥创新作用。第三，加快推进行业协会商会的改革进程，通过改革和培育，使体制内生成的行业协会商会尽快回归民间商会的本质属性（这是商会参与创新活动的原动力所在）；引导民间自发生成的行业协会商会加快完善内部治理、明确组织使命和宗旨、健全运作机制，加强学习和借鉴发达国家现代行业协会商会的发展经验，努力在国家治理创新体系中发挥应有的作用。

四、国家治理体系现代化视角下行业协会商会在社会治理中的作用

本部分研究行业协会商会在环境治理中的作用和推进行业协会商会有效参与环境治理所需要的条件。

对行业协会商会参与自愿性环境治理的研究发现，行业协会商会在收集行业污染信息、创新治理工艺、污染规模化处理和制定行业环保标准等方面比环保部门和个体企业更具优势，治理效果更好，有效弥补了政府和个体企业的不足；在参与自愿性环境治理过程中，行业协会商会使环境治理的集体行动成为可能，从而使政府与行业、行业与公众以及企业与企业在一定程度上实现诉求的一致和利益的均衡。

作为政府与企业之间的桥梁和第三方治理主体，行业协会商会参与自愿性环境治理的关键在于行业协会商会获得政府与企业的支持。从政府与行业协会商会的关系来看，行业协会商会参与自愿性环境治理需要政府的制度创新与空间开放；从行业协会商会与行业企业的关系来看，企业是否支持行业协会商会实施自愿性环境治理取决于其治理能力。

为了促进行业协会商会在参与自愿性环境治理中发挥更大作用，本书提出以下政策建议：第一，建议政府进一步创新社会组织管理体制和实现政府职能转移，把能够由行业协会商会参与的环境治理事务，通过委托、购买服务等方式，交给行业协会商会。第二，行业协会商会需要通过完善内部治理机制来提升行业协会商会的自主治理能力和行业代表性，从而在环境治理中能够较好地协调行业集体行动和推动行业技术创新。

综上所述，本书着重从四个方面研究了行业协会商会在国家治理体系现代化建设中的作用：党建对行业协会商会参与国家治理体系现代化的作用；国家治理体系现代化视角下行业协会商会在政会关系重构中的作用；国家治理体系现代化视角下行业协会商会在市场治理中的作用及国家治理体系现代化视角下行业协会商会在社会治理中的作用。围绕这四个方面，本书在既有文献的基础上开展了系统的理论和实证研究，提出了富有学术成果的研究结

论及具有应用价值的政策建议。这四个方面是有机关联的。其核心是党建对行业协会商会参与国家治理体系现代化的作用，党建是行业协会商会有效参与政会关系重构及在市场治理和社会治理中发挥积极作用的基础。另外三个方面是现代国家治理体系中三个重要的次级体系：政府治理、市场治理和社会治理。本书研究了行业协会商会的党建工作对其参与国家治理体系现代化的影响，未来的一个重要研究议程是行业协会商会党建工作对其组织强化和功能重构的作用和作用机制以及行业协会商会如何在党建的引领下参与政会关系重构、市场治理及社会治理的系统的理论和实证研究。此外，本书分别研究了构建新型政会关系中行业协会商会组织转型的过程模型及转型模式与挑战的政府治理体系现代化建设，包括行业协会商会参与区域经济一体化建设和国家创新体系建设的市场治理体系现代化建设，及行业协会商会参与自愿性环境治理的社会治理体系现代化建设。未来的另一个重要研究议程是行业协会商会参与这三个领域的治理体系现代化建设的相互强化的互动作用机制的理论与实证研究，例如，行业协会商会参与政府治理的机制与绩效对其参与市场治理或社会治理的机制与绩效的影响。初步的研究表明，行业协会商会参与政府治理、市场治理和社会治理的能力、机制和绩效是相互关联和相互强化的，但需要更深入的理论和实证研究。聚焦上述两个重要的研究议程将有助于深入理解包括行业协会商会在内的社会组织参与国家治理体系现代化建设的作用、机制及绩效；有助于有效实现坚持和发展中国特色社会主义制度，推进国家治理体系和治理能力现代化的全面深化改革的总目标。

参考文献

［1］埃莉诺·奥斯特罗姆. 公共服务的制度建构［M］. 宋全喜，任睿，译. 上海：上海三联书店，2000.

［2］包心鉴. 全面深化改革，推进国家治理现代化——从邓小平改革思想到习近平全面深化改革重要论述［J］. 科学社会主义，2014（4）.

［3］陈建军. 长江三角洲地区的产业同构及产业定位［J］. 中国工业经济，2004（2）.

［4］陈金钊，俞海涛. 国家治理体系现代化的主体之维［J］. 法学论坛，2020（3）.

［5］陈清泰. 商会发展与制度规范［M］. 北京：中国经济出版社，1995.

［6］陈庆云. 公共政策分析［M］. 北京：北京大学出版社，2011.

［7］陈剩勇，马斌. 温州民间商会：自主治理的制度分析——温州服装商会的典型研究［J］. 管理世界，2004（12）.

［8］陈剩勇，汪锦军，马斌. 组织化、自主治理与民主——浙江温州民间商会研究［M］. 北京：中国社会科学出版社，2004.

［9］陈天祥，郑佳斯，贾晶晶. 形塑社会：改革开放以来国家与社会关系的变迁逻辑——基于广东经验的考察［J］. 学术研究，2017（9）.

［10］陈晓萍，徐淑英，樊景立. 组织与管理研究的实证方法［M］. 北京：北京大学出版社，2008.

［11］戴木才．国家治理体系和治理能力现代化的重大创新［J］．前线，2021（2）．

［12］邓正来，丁轶．监护型控制逻辑下的有效治理：对近三十年国家社团管理政策演变的考察［J］．学术界，2012（3）．

［13］E.S. 萨瓦斯．民营化与公私部门的伙伴关系［M］．北京：中国人民大学出版社，2002．

［14］傅昌波，简燕平．行业协会商会与行政脱钩改革的难点与对策［J］．行政管理改革，2016（10）．

［15］高丙中．社会团体的合法性问题［J］．中国社会科学，2000（2）．

［16］葛亮．制度环境与社会组织党建的动力机制研究——以 Z 市雪菜饼协会为个案［J］．社会主义研究，2018（1）．

［17］葛月凤．长三角行业协会合作发展问题分析［J］．上海经济研究，2008（1）．

［18］郭庆松．长三角人才共享机制：问题与对策［J］．社会科学，2007（5）．

［19］何显明．政府转型与现代国家治理体系的建构——60 年来政府体制演变的内在逻辑［J］．浙江社会科学，2013（6）．

［20］洪向华，张杨．论国家治理体系和治理能力现代化的五重维度［J］．大连理工大学学报（社会科学版），2020（3）．

［21］胡辉华，黄淑贤．论行业协会的能力建设［J］．学会，2011（2）．

［22］胡辉华，张丹婷．国家治理体系中的社会组织党建及其面临的挑战［J］．新视野，2020（3）．

［23］胡辉华．行业协会商会成长的内在机制［M］．北京：社会科学文献出版社，2019．

［24］胡宁生．国家治理现代化：政府、市场和社会新型协同互动［J］．南京社会科学，2014（1）．

［25］黄楚新，刘美忆．我国新型主流媒体与国家治理体系和治理能力现代化［J］．中国出版，2020（15）．

［26］黄晓春，嵇欣．非协同治理与策略性应对——社会组织自主性研

究的一个理论框架 [J]. 社会学研究, 2014 (6).

[27] 嵇毅, 鲁煜霖. 从企业能力理论谈 B2B 电子商务模式的转型策略 [J]. 商业经济研究, 2015 (23).

[28] 纪莺莺. 当代中国行业协会商会的政策影响力: 制度环境与层级分化 [J]. 南京社会科学, 2015 (9).

[29] 纪莺莺. 国家中心视角下社会组织的政策参与: 以行业协会为例 [J]. 人文杂志, 2016 (4).

[30] 纪莺莺. 转型国家与行业协会多元关系研究: 一种组织分析的视角 [J]. 社会学研究, 2016 (2).

[31] 贾西津, 沈恒超, 等. 转型时期的行业协会: 角色、功能与管理体制 [M]. 北京: 社会科学文献出版社, 2004.

[32] 贾西津, 张经. 行业协会商会与政府脱钩改革方略及挑战 [J]. 社会治理, 2016 (1).

[33] 贾玉娇, 傅丹青. 中国国家治理体系的结构变迁与能力提升——基于分化与边界视角的分析 [J]. 浙江社会科学, 2020 (2).

[34] 江华, 何宾. 行业协会政策参与的比较研究: 南京与温州 [J]. 中共浙江省委党校学报, 2012 (1).

[35] 江华, 张建民, 周莹. 利益契合: 转型期中国国家与社会关系的一个分析框架——以行业组织政策参与为案例 [J]. 社会学研究, 2011 (3).

[36] 江华, 周俊, 周莹, 等. 国有部门扩张与行业组织政策参与——以 ZCIPA 参与山西煤改为例 [J]. 中共浙江省委党校学报, 2011 (2).

[37] 姜伟军. 行业协会商会与地方治理研究——基于浙江省的实践 [M]. 北京: 中国财政经济出版社, 2021.

[38] 姜雅婷, 柴国荣. 安全生产问责制度的发展脉络与演进逻辑——基于 169 份政策文本的内容分析 (2001 – 2015) [J]. 中国行政管理, 2017 (5).

[39] 杰弗里·菲佛、杰德尔勒·R. 萨兰基克. 组织的外部控制: 对组织资源依赖的分析 [M]. 北京: 东方出版社, 2006.

［40］金锦萍．非营利法人治理结构研究［M］．北京：北京大学出版社，2005.

［41］景朝阳，李勇．中国行业协会商会发展报告（2014）［M］．北京：社会科学文献出版社，2015.

［42］敬乂嘉．从购买服务到合作治理——政社合作的形态与发展［J］．中国行政管理，2014（7）.

［43］凯西·卡麦兹．建构扎根理论［M］．重庆：重庆大学出版社，2009.

［44］康晓光，韩恒．分类控制：当前中国大陆国家与社会关系研究［J］．社会学研究，2005（6）.

［45］库兹韦尔．奇点临近［M］．北京：机械工业出版社，2011.

［46］黎军．行业自治与国家监督——行业协会实证研究［M］．北京：法律出版社，2006.

［47］李纪珍．产业共性技术供给体系［M］．北京：中国金融出版社，2004.

［48］李健，郭薇．资源依赖、政治嵌入与能力建设——理解社会组织党建的微观视角［J］．探索，2017（5）.

［49］李景鹏．后全能主义时代：国家与社会合作共治的公共管理［J］．中国行政管理，2011（2）.

［50］李军．非营利组织公共问责的现实考察——基于资源依赖的视角［J］．学会，2010（6）.

［51］李林．坚持在法治轨道上推进国家治理体系和治理能力现代化［J］．暨南学报（哲学社会科学版），2021（1）.

［52］李朔严．政党统合的力量：党、政治资本与草根 NGO 的发展——基于 Z 省 H 市的多案例比较研究［J］．社会，2018（1）.

［53］李由．中国转型期公共政策过程研究［M］．北京：北京师范大学出版社，2008.

［54］李志刚．扎根理论方法在科学研究中的运用分析［J］．东方论坛，2007（4）.

［55］理查德·R. 尼尔森，等. 国家（地区）创新体系比较分析［M］. 北京：知识产权出版社，2012.

［56］林尚立，王华. 创造治理：民间组织与公共服务型政府［J］. 学术月刊，2006（5）.

［57］林尚立. 社区自治中的政党：对党、国家与社会关系的微观考察——以上海社区为考察对象［C］. 上海市社科联，等. 组织与体制：上海社区发展理论研讨会会议资料汇编，2002：45.

［58］刘俊杰. 推进国家治理体系和治理能力现代化的基本问题［J］. 哈尔滨市委党校学报，2014（1）.

［59］柳春慈. 区域性行业协会：区域治理的重要组织载体［J］. 理论探讨，2010（2）.

［60］柳建文，唐永峰. 中国区域发展中的民间组织与地方合作［J］. 学习与实践，2012（6）.

［61］卢玮静，刘程程，赵小平. 市场化还是社会化？——中国官办基金会的转型选择［J］. 中国非营利评论，2017（2）.

［62］卢艳齐. 新时代社会组织党建的目标梯次、进阶阻碍与突破思路［J］. 西南大学学报（社会科学版），2020（6）.

［63］罗伯特·帕特南. 独自打保龄：美国社区的衰落与复兴［M］. 北京：北京大学出版社，2011.

［64］马长俊. 加强党的领导与行业协会法人治理相融合研究［J］. 社会主义研究，2018（6）.

［65］马长俊. 解构与重构：行业协会商会脱钩改革的政会关系变迁研究［J］. 行政管理改革，2020（2）.

［66］马长俊. 完善行业协会与政府合作的利益表达机制［J］. 行政管理改革，2016（10）.

［67］马德普. 论健全下情上达机制对完善国家治理体系的重要性［J］. 政治学研究，2020（3）.

［68］马丽雅，陈祥勤. 完善"中国之制"，推进"中国之治"——新时代推进中国特色社会主义制度和国家治理体系建设的理路论析［J］. 同济

大学学报（社会科学版），2020（6）.

［69］马庆钰．行业协会商会脱钩改革急需解决的关键问题［J］.行政管理改革，2020（9）.

［70］马迎贤．资源依赖理论的发展和贡献评析［J］.甘肃社会科学，2005（1）.

［71］马迎贤．组织间关系：资源依赖视角的研究综述［J］.管理评论，2005（2）.

［72］曼瑟尔·奥尔森．国家的兴衰［M］.李增刚，译.上海：上海人民出版社，2007.

［73］曼瑟尔·奥尔森．集体行动的逻辑［M］.陈郁，郭宇峰，李崇新，译.上海：上海人民出版社，1995.

［74］倪咸林．行业协会商会脱钩后完善内部治理研究［J］.行政管理改革，2016（10）.

［75］诺思．经济史上的结构和变革［M］.厉以平，译.北京：商务印书馆，2013.

［76］欧阳桃花，曾德麟，崔争艳．基于能力重塑的互联网企业战略转型研究：百度案例［J］.管理学报，2016（12）.

［77］彭力，黄崇恺．关于我国三大城市群建成世界级城市群的探讨［J］.广东开放大学学报，2015（6）.

［78］钱勇，曹志来．从脱嵌入到再嵌入：企业组织转型的过程——基于铁煤集团主辅分离改革的案例分析［J］.管理世界，2011（6）.

［79］秦诗立，岑丞．商会：从交易成本视角的解释［J］.上海经济研究，2002（4）.

［80］丘海雄，龚嘉明．多重制度约束下的传媒组织转型——以 M 市新闻传媒集团为例［J］.广东社会科学，2010（6）.

［81］邱泽奇，张樹沁，刘世定．从数字鸿沟到红利差异——互联网资本的视角［J］.中国社会科学，2016（10）.

［82］任浩，李峰．行业协会影响力评价指标体系的实证研究［J］.现代管理科学，2006（4）.

［83］沈永东，宋晓清．新一轮行业协会商会与行政机关脱钩改革的风险及其防范［J］．中共浙江省委党校学报，2016（2）．

［84］沈永东，应新安．行业协会商会参与社会治理的多元路径分析［J］．治理研究，2020（1）．

［85］沈永东，虞志红．民营经济发展特殊时期的行业协会商会［J］．治理研究，2019（2）．

［86］沈永东，虞志红．社会组织党建动力机制问题：制度契合与资源拓展［J］．北京行政学院学报，2019（6）．

［87］沈永东．中国行业协会商会政策参与：国家与社会关系视角的考察［M］．杭州：浙江大学出版社，2020.

［88］石铁柱，魏红英，姜先行．行业协会与政府关系的转型探析［J］．法制与社会，2021（9）．

［89］斯坦利·海曼．协会管理［M］．北京：中国经济出版社，1985.

［90］宋道雷．共生型国家社会关系：社会治理中的政社互动视角研究［J］．马克思主义与现实，2018（3）．

［91］宋世明．深化党和国家机构改革，推进国家治理体系和治理能力现代化［J］．行政管理改革，2018（5）．

［92］宋晓清．超越“政企桥梁”：行业协会商会的角色再定位［J］．治理研究，2018（4）．

［93］宋晓清．谨防行业协会商会与行政机关脱钩过程中的三种风险［J］．中国社会组织，2015（21）．

［94］宋晓清．行业协会商会治理结构研究［M］．杭州：浙江大学出版社，2018.

［95］孙炳耀．中国社会团体官民二重性问题［J］．中国社会科学季刊，1994（6）．

［96］孙大斌．由产业发展趋势探讨我国区域经济一体化动力机制［J］．国际经贸探索，2003（6）．

［97］唐皇凤．新中国60年国家治理体系的变迁与理性审视［J］．经济社会体制比较，2009（5）．

［98］陶传进. 控制与支持：国家与社会之间的两种独立关系研究［J］.
管理世界，2008（2）.

［99］汪锦军. 公共服务中的政府与非营利组织合作：三种模式分析
［J］. 中国行政管理，2009（10）.

［100］汪锦军. 浙江政府与民间组织的互动机制：资源依赖理论的分析
［J］. 浙江社会科学，2008（9）.

［101］王洪庆，李士杰. 行业协会与长江三角洲地区产业一体化［J］.
当代经济管理，2007（1）.

［102］王洪庆，朱荣林. 制度创新与区域经济一体化［J］. 经济问题探
索，2004（5）.

［103］王吉发，冯晋，李汉铃. 企业转型的内涵研究［J］. 统计与决
策，2006（2）.

［104］王扩建. 行业协会商会参与市场治理的问题与对策——以苏州创
建放心消费城市为例［J］. 法治与社会，2018（8）.

［105］王名，蔡志鸿，王春婷. 社会共治：多元主体共同治理的实践探
索与制度创新［J］. 中国行政管理，2014（12）.

［106］王名，贾西津. 行业协会论纲［J］. 经济界，2004（1）.

［107］王浦劬. 国家治理、政府治理和社会治理的含义及其相互关系
［J］. 国家行政学院学报，2014（3）.

［108］王卫东. 长三角城市群协同创新发展机制研究［J］. 企业经济，
2011（12）.

［109］王晓娟. 长江三角洲地区产业一体化的内涵、主体与途径［J］.
南通大学学报（社会科学版），2009（4）.

［110］王杨. 结构功能主义视角下党组织嵌入社会组织的功能实现机
制——对社会组织党建的个案研究［J］. 社会主义研究，2017（2）.

［111］王颖等. 社会中间层：改革与中国的社团组织［M］. 北京：中
国发展出版社，1993.

［112］王云骏. 长三角区域合作中亟待开发的制度资源——非政府组织
在"区域一体化"中的作用［J］. 探索与争鸣，2005（1）.

［113］吴刚．社会组织支持型政策选编［M］．北京：人民出版社，2017.

［114］吴昊岱．策略行动者：行业协会商会政策参与的新角色——评《中国行业协会商会政策参与——国家与社会关系视角的考察》［J］．中国第三部门研究。

［115］吴昊岱．行业协会商会与行政机关脱钩：政策执行与政策特征［J］．治理研究，2018（4）.

［116］吴巧瑜．跨地区民间商会协作的思考——以粤港澳三地为例［J］．华中农业大学学报（社会科学版），2011（2）.

［117］吴新叶．包容与沟通：执政党与非政府组织的互动关系——一个比较视角的检视与思考［J］．南京社会科学，2007（11）.

［118］吴新叶．党对非政府组织的领导——以执政党的社会管理为视角［J］．政治学研究，2008（2）.

［119］吴新叶．走出科层制治理：服务型政党社会管理的路径——以上海社会组织党建为例［J］．理论与改革，2013（2）.

［120］习近平．在全国组织工作会议上的讲话［M］．北京：人民出版社，2018.

［121］习近平谈治国理政（第二卷）［M］．北京：外文出版社，2017.

［122］习近平谈治国理政（第三卷）［M］．北京：外文出版社，2020.

［123］习近平谈治国理政（第一卷）［M］．北京：外文出版社，2018.

［124］萧炳南，黄颖．长三角一体化中行业协会合作发展的思考［J］．中国浦东干部学院学报，2011（6）.

［125］肖金成．京津冀区域合作的战略思路［J］．经济研究参考，2015（2）.

［126］肖林，王楠．关于上海市在转型发展中深化区域经济与战略合作的思考［J］．中国经贸导刊，2012（24）.

［127］熊光清．中国网络公共领域的兴起、特征与前景［J］．教学与研究，2011（1）.

［128］徐永模．充分发挥行业协会在国家创新体系建设中的作用［J］.

中国浦东干部学院学报，2012（1）．

［129］徐勇．热话题与冷思考——关于国家治理体系和治理能力现代化的对话［J］．当代世界与社会主义，2014（1）．

［130］徐宇珊．非对称性依赖：中国基金会与政府关系研究［J］．公共管理学报，2008（1）．

［131］徐越倩，张倩．社会组织党建与业务融合何以可能——基于动力—路径的分析［J］．北京行政学院学报，2019（6）．

［132］许耀桐，刘祺．当代中国国家治理体系分析［J］．理论探索，2014（1）．

［133］宣文俊．长江三角洲区域协调的重大体制与机制的创新［J］．上海经济研究，2008（11）．

［134］尹德慈．民间组织党建工作问题研究：以广州为例［J］．探求，2007（3）．

［135］余晖．行业协会组织的制度动力学原理［J］．经济管理，2001（4）．

［136］余晖，等．行业协会及其在中国的发展：理论与案例［M］．北京：经济管理出版社，2002．

［137］余建明．激发行业协会活力，促进区域经济发展［J］．中国社会组织，2014（11）．

［138］俞可平．推进国家治理体系和治理能力现代化［J］．前线，2014（1）．

［139］郁建兴，黄红华，方立明．在政府与企业之间：以温州商会为研究对象［M］．杭州：浙江人民出版社，2004．

［140］郁建兴，沈永东，吴逊．行业协会促进产业升级的作用类型及其实现机制——一项多案例的研究［J］．浙江大学学报，2011（6）．

［141］郁建兴，沈永东，周俊．从双重管理到合规性监管——全面深化改革时代行业协会商会监管体制的重构［J］．浙江大学学报（人文社会科学版），2014（7）．

［142］郁建兴，宋晓清．商会组织治理的新分析框架及其应用［J］．中

国行政管理，2009（4）.

[143] 郁建兴，王诗宗，黄红华，等. 民间商会与地方政府：基于浙江省温州市的研究［M］. 北京：经济科学出版社，2006.

[144] 郁建兴，吴昊岱，沈永东. 在公共危机治理中反思行业协会商会作用——会员逻辑、影响逻辑与公共逻辑的多重视角分析［J］. 上海行政学院学报，2020（6）.

[145] 郁建兴，周俊，沈永东，何宾. 后双重管理体制时代的行业协会商会发展［J］. 浙江社会科学，2013（12）.

[146] 郁建兴，周俊，张建民. 全面深化改革时代的行业协会商会发展［M］. 北京：高等教育出版社，2014.

[147] 郁建兴. 改革开放40年中国行业协会商会发展［J］. 行政论坛，2018（6）.

[148] 郁建兴. 全面深化改革时代行业协会商会研究的新议程［J］. 行政论坛，2014（5）.

[149] 郁建兴. 行业协会：寻求与企业、政府之间的良性互动［J］. 经济社会体制比较，2006（2）.

[150] 张国云. 长三角更高质量一体化发展的几个问题［J］. 中国发展观察，2018（12）.

[151] 张建民，何宾. 案例研究概推性的理论逻辑与评价体系——基于公共管理案例研究样本论文的实证分析［J］. 公共管理学报，2011（2）.

[152] 张建民. 全面深化改革时代行业协会商会职能的新定位［J］. 中共浙江省委党校学报，2014（5）.

[153] 张捷，王霄，赵永亮. 商会治理功能与组织边界的经济学分析［J］. 中国工业经济，2009（11）.

[154] 张捷、徐林清等. 商会治理与市场经济——经济转型期中国产业中间组织研究［M］. 北京：经济科学出版社，2010.

[155] 张冉，楼鑫鑫. 中国行业协会研究热点与展望：基于知识图谱的分析［J］. 治理研究，2021（1）.

[156] 张冉，任浩. 行业协会组织能力的界定及相关范畴的比较研究

［J］. 改革与战略，2007（12）.

　　［157］张冉. 现代行业协会组织能力［M］. 上海：上海财经大学出版社，2009.

　　［158］张志鹏. 长三角一体化的界限及其突破——一个公共治理创新视角的分析［J］. 华东经济管理，2021（4）.

　　［159］赵吉，彭勃. 社会借道行政：后脱钩时代行业协会自我增能的有效机制［J］. 治理研究，2021（1）.

　　［160］赵孟营. 组织合法性：在组织理性与事实的社会组织之间［J］. 北京师范大学学报（社会科学版），2005（2）.

　　［161］赵曙光. 社交媒体的使用效果：社会资本的视角［J］. 国际新闻界，2014（7）.

　　［162］郑江淮，江静. 理解行业协会［J］. 东南大学学报（哲学社会科学版），2007（6）.

　　［163］郑言. 推进国家治理体系与国家治理能力现代化［J］. 吉林大学社会科学学报，2014（2）.

　　［164］中共中央关于坚持和完善中国特色社会主义制度 推进国家治理体系和治理能力现代化若干重大问题的决定［M］. 北京：人民出版社，2019.

　　［165］中共中央文献研究室. 十八大以来重要文献选编（上）［M］. 北京：中央文献出版社，2014.

　　［166］中共中央文献研究室. 十八大以来重要文献选编（下）［M］. 北京：中央文献出版社，2018.

　　［167］中共中央文献研究室. 十八大以来重要文献选编（中）［M］. 北京：中央文献出版社，2016.

　　［168］中共中央文献研究室. 十九大以来重要文献选编（上）［M］. 北京：中央文献出版社，2019.

　　［169］中国共产党第二十次全国代表大会文件汇编［M］. 北京：人民出版社，2022.

　　［170］中国共产党第十九届中央委员会第五次全体会议公报［M］. 北

京：人民出版社，2020.

［171］中国共产党章程［M］. 北京：人民出版社，2022.

［172］中华人民共和国国民经济和社会发展第十四个五年规划和 2035 年远景目标纲要［M］. 北京：人民出版社，2021.

［173］周俊，宋晓清. 行业协会的公共治理功能及其再造——以杭州市和温州市行业协会为例［J］. 浙江大学学报（人文社会科学版），2011（6）.

［174］周俊，周莹. 政策压力下的行业协会商会组织同形——以温州商会为例［J］. 中共浙江省委党校学报，2017（2）.

［175］周俊. 行业协会商会的自治权与依法自治［J］. 中共浙江省委党校学报，2014（5）.

［176］周俊. 行业组织政策倡导：现状、问题与机制建设［J］. 中国行政管理，2009（9）.

［177］周俊. 政府与社会组织关系多元化的制度成因分析［J］. 政治学研究，2014（5）.

［178］周文辉，王昶，周依芳. 瓶颈突破、行动学习与转型能力——基于三家内向型中小制造企业的转型案例研究［J］. 南开管理评论，2015（2）.

［179］周莹，江华，张建民. 行业协会实施自愿性环境治理：温州案例研究［J］. 中国行政管理，2015（3）.

［180］周莹. 金融危机冲击下行业协会的政策参与——以家电下乡为中心的考察［J］. 中国行政管理，2010（4）.

［181］Andrea S. , Andrea C. , Cavallo D. M. COVID－19 Outbreak in Italy：Protecting Worker Health and the Response of the Italian Industrial Hygienists Association［J］. Annals of Work Exposures and Health，2020，64（6）.

［182］Andreoni J. Privately Provided Public Goods in a Large Economy：The Limits to Altruism［J］. Journal of Public Economics，1988，35（1）.

［183］Bailey I. , Rupp S. The Evolving Role of Trade Associations in Negotiated Environmental Agreements：The Case of United Kingdom Climate Change Agreements［J］. Business Strategy and the Environment，2006，15（1）：40－54.

［184］ Bailey M. T. Do Physicists Use Case Studies? Thoughts on Public Administration Research ［J］. Public Administration Review, 1992, 52 (1).

［185］ Bell S. Between the Market and the State: The Role of Australian Business Associations in Public Policy ［J］. Comparative Politics, 1995, 28 (1).

［186］ Bennett R. J. Local Business Voice: The History of Chambers of Commerce in Britain, Ireland, and Revolutionary America, 1760–2011 ［M］. New York: Oxford University Press, 2012.

［187］ Bennett R. J. The Logic of Membership of Sectoral Business Associations ［J］. Review of Social Economy, 2000, 58 (1).

［188］ Blackman A. Can Voluntary Environmental Regulation Work in Developing Countries? Lessons from Case Studies ［J］. The Policy Studies Journal, 2010, 36 (1).

［189］ Blanchard A., Horan T. Virtual Communities and Social Capital ［J］. Social Science Computer Review, 1998, 16 (3).

［190］ Chen Y., Yu J., Shen Y., et al. Coproducing Responses to COVID–19 with Community-Based Organizations: Lessons from Zhejiang Province, China ［J］. Public Administration Review, 2020.

［191］ Coleman W. D., Grant W. Business and Public Policy: A Comparison of Organizational Development in Britain and Canada ［J］. Journal of Public Policy, 1984, 4.

［192］ Coleman W. D. Business and Politics: A Study of Collective Action ［M］. Kingston: McGill-Queens University Press, 1988.

［193］ Costa E., Soares A. L., de Sousa J. P. Institutional Networks for Supporting the Internationalisation of SMEs: The Case of Industrial Business Associations ［J］. Journal of Business & Industrial Marketing, 2017, 32 (8).

［194］ Deng G., Kennedy S. Big Business and Industry Association Lobbying in China: The Paradox of Contrasting Styles ［J］. China Journal, 2010, 63.

［195］ Dimaggio P., Hargittai E., Celeste C., et al. From Unequal Access to Differentiated Use: A Literature Review and Agenda for Research on Digital Inequality [J]. Social Inequality, 2004.

[196] Dixit A. , Olson M. Does Voluntary Participation Undermine the Coase Theorem? [J]. Journal of Public Economics, 2000, 76.

[197] Doner R. F. , Schneider B. R. Business Associations and Economic Development: Why Some Associations Contribute More than Others [J]. Business & Politics, 2000, 2 (3).

[198] Dür A. , G. Mateo. Gaining Access or Going Public? Interest Group Strategies in Five European Countries [J]. European Journal of Political Research, 2013, 52 (5).

[199] Erakovic L. , Wilson M. G. Conditions of Radical Transformation in State [J]. British Journal of Management, 2010, 16 (4).

[200] Eskeland G. , Jimenez E. Policy Instruments for Pollution Control in Developing Countries [J]. World Bank Research Observer, 1992, 7 (2).

[201] Feagin J. R. , Orum A. M. , Sjoberg G. A Case for the Case Study [M]. Chapel Hill and London: The University of North Carolina Press, 1991.

[202] Gao B. The State and the Associational Order of the Economy: The Institutionalization of Cartels and Trade Associations in 1931 - 45 Japan [J]. Sociological Forum, 2001, 16 (3).

[203] Garrity M. , L. A. Picard. Organized Interests, the State, and the Public Policy Process: An Assessment of Jamaican Business Associations [J]. The Journal of Developing Areas, 1991, 25.

[204] Gilmore T. N. Side Effects of Corporate Cultural Transformations [J]. The Journal of Applied Behavioral Science, 1997, 33 (2).

[205] Glaser B. , Strauss A. L. The Discovery of Grounded Theory [J]. Strategies for Qualitative Research, 1968, 17 (4).

[206] Gugerty M. , The Effectiveness of NGO Self-Regulation [J]. Public Administration and Development, 2008, 28.

[207] Hinings R. G. R. Understanding Radical Organizational Change: Bring-

ing Together the Old and the New Institutionalism ［J］. The Academy of Management Review, 1996, 21 (4).

［208］ Hwang H. , Powell W. W. The Rationalization of Charity: The Influences of Professionalism in the Nonprofit Sector ［J］. Administrative Science Quarterly, 2009, 54 (2).

［209］ Jose B. , Christian F. Exporting Firm's Engagement with Trade Associations: Insights from Chile ［J］. International Business Review, 2019, 28 (1).

［210］ Judson A. S. Changing Behavior in Organizations: Minimizing Resistance to Change ［M］. Cambridge: Basil Blackwell, 1991.

［211］ King A. , Lenox M. Industry Self-Regulation Without Sanctions: The Chemical Industry's Responsible Care Program ［J］. Academy of Management Journal, 2000, 43.

［212］ Knut Koschatzky, Esther Schnabl, Andrea Zenker, et al. The Role of Associations in Regional Innovation Systems ［J］. Klinische Wochenschrift, 2014, 69.

［213］ Kotter J. P. Leading Change: Why Transformation Efforts Fail ［J］. IEEE Engineering Management Review, 2007, 37 (3).

［214］ Lawton T. C. , Rajwani T. , Minto A. Why Trade Associations Matter: Exploring Function, Meaning, and Influence ［J］. Journal of Management Inquiry, 2017, 27 (1).

［215］ Lenox M. Industry Self-Regulation and Adverse Selection: A Comparison Across Four Trade Association Programs ［J］. Business Strategy and Environment, 2003, 12.

［216］ Lewin K. , Frontiers in Group Dynamics ［J］. Human Relations, 1947, 1 (2).

［217］ Mansell R. Power, Hierarchy and the Internet: Why the Internet Empowers and Disempowers ［J］. Global Studies Journal, 2015, 9 (2).

［218］ Marques, Carlos J. Industry Business Associations: Self-Interested or Socially Conscious? ［J］. Journal of Business Ethics, 2017, 143 (4).

［219］Moore M. , Hamalai L. Economic Liberalization, Political Pluralism and Business Associations in Developing Countries ［J］. World Development, 1993, 21 (12).

［220］Nunan F. Policy Network Transformation: The Implementation of the EC Directive on Packaging and Packaging Waste ［J］. Public Administration, 2010, 77 (3).

［221］Ordanini A. , Miceli L. , Pizzetti M. , et al. Crowd-funding: Transforming Customers into Investors through Innovative Service Platforms ［J］. Journal of Service Management, 2011, 22 (4).

［222］Ostrom E. A Behavioral Approach to the Rational Choice Theory of Collective Action: Presidential Address, American Political Science Association ［J］. American Political Science Review, 1998, 92 (1).

［223］Papaioannou T. , Watkinson A. , Kale D. , et al. Politics of Innovation and Development: The Role of Industry Associations in Integrating Political, Bureaucratic, Industrial and Health Systems in India and South Africa ［J］. Social Science Electronic Publishing, 2017, 36 (107).

［224］Pfeffer J. , Salancik G. R. The External Control of Organizations: A Resource Dependence Perspective ［J］. Social Science Electronic Publishing, 2003, 23 (2).

［225］Reveley J. , Ville S. Enhancing Industry Association Theory: A Comparative Business History Contribution ［J］. Journal of Management Studies, 2010, 47 (5).

［226］Riana I. G. Creating Performance Through Innovations Influenced by Knowledge Sharing and Absorption Capacity at the Bali Weaving Industry Association ［J］. Research Journal of Textile and Apparel, 2020, 24 (1).

［227］Rivera J. E. Assessing a Voluntary Environmental Initiative in the Developing World: The Costa Rican Certification for Sustainable Tourism ［J］. Policy Sciences, 2002, 35 (4).

［228］Rondinelli D. , Berry M. Corporate Environmental Management and

Public Policy: Bridging the Gap [J]. The American Behavioral Scientist, 2000, 44 (2).

[229] Saich T. Negotiating the State: The Development of Social Organizations in China [J]. The China Quarterly, 2000, (161).

[230] Saidel J. R. Resource Interdependence: The Relationship between State Agencies and Nonprofit Organizations [J]. Public Administration Review, 1991, 51 (6).

[231] Schmitter P. C. , Streeck W. The Organization of Business Interests: Studying the Associative Action of Business in Advanced Industrial Societies [Z]. MPIFG Discussion Paper, 1999.

[232] Scott W. R. Organizations and Institutions [J]. Research in the Sociology of Organizations, 1995, 2 (5).

[233] Shen Y. , Yu J. , Zhou J. The Administration's Retreat and the Party's Advance in the New Era of Xi Jinping: The Politics of the Ruling Party, the Government, and Associations in China [J]. Journal of Chinese Political Science, 2020 (25).

[234] Steinfield C. , Ellison N. B. , Lampe C. Social Capital, Self-esteem, and Use of Online Social Network Sites: A Longitudinal Analysis [J]. Journal of Applied Developmental Psychology, 2008, 29 (6).

[235] Streeck W. , Schmitter P. C. Community, Market, State-and Associations? The Prospective Contribution of Interest Governance to Social Order [J]. European Sociological Review, 1985, 1 (2).

[236] Streeck W. , Visser J. Organized Business Facing Internationalization//Streeck W. , Grote J. , Schneider V. , et al. Governing Interests: Business Associations Facing Internationalism [M]. New York: Routledge, 2006.

[237] Streeck W. From National Corporatism to Transnational Pluralism: European Interest Politics and the Single Market [J]. Politics and Society, 1991, 19 (2).

[238] Tassey G. The Functions of Technology Infrastructure in a Competitive

Economy [J]. Research Policy, 1991, 20 (4).

[239] Teets J. C. Let Many Civil Societies Bloom: The Rise of Consultative Authoritarianism in China [J]. The China Quarterly, 2013, 213 (2).

[240] Thayer F. A Research Police Force? [J]. Public Administration Review, 1998, 58 (6).

[241] Townsend A. M., Demarie S. M., Hendrickson A. R. Information Technology, Unions, and the New Organization: Challenges and Opportunities for Union Survival [J]. Journal of Labor Research, 2001, 22 (2).

[242] Traxler F. Employer Associations, Institutions and Economic Change: A Crossnational Comparison [J]. Industrielle Beziehungen, 2004, 11 (1/2).

[243] Unger J., Chan A. Associations in a Bind: The Emergence of Political Corporatism//Unger J. Associations and the Chinese State: Contested Spaces [M]. Armonk: M. E. Sharpe, 2008.

[244] Unger J., Van Waarden F. Interest Associations and Economic Growth: A Critique of Mancur Olson's Rise and Decline of Nations [J]. Review of International Political Economy, 1999, 6 (4).

[245] Unger J. Bridges: Private Business, the Chinese Government and the Rise of New Associations [J]. The China Quarterly, 1996, 147.

[246] Valenzuela S., Park N., Kee K. F. Is There Social Capital in a Social Network Site: Facebook Use and College Students' Life Satisfaction, Trust, and Participation [J]. Journal of Computer-Mediated Communication, 2009, 14 (4).

[247] Van Waarden F. Emergence and Development of Business Interest Associations: An Example from The Netherlands [J]. Organization Studies, 1992, 13 (4).

[248] Wank D. L. Private Business, Bureaucracy, and Political Alliance in a Chinese City [J]. The Australian Journal of Chinese Affairs, 1995 (33).

[249] Watkins A., Papaioannou T., Mugwagwa J., et al. National Innovation Systems and the Intermediary Role of Industry Associations in Building Insti-

tutional Capacities for Innovation in Developing Countries: A Critical Review of the Literature [J]. Research Policy, 2015, 44 (8).

[250] Woods J. A., Gottschall R., Matthews C. H., et al. The Influence of Industry Association Involvement on Technology Decision-Making in Small Businesses [J]. Journal of Enterprising Culture, 2017, 25 (3).

[251] Woolthuis R. K., Lankhuizen M., Gilsing V., A System Failure Framework for Innovation Policy Design [J]. Technovation, 2005, 25 (6).

[252] Zhang Z., Shen Y., Yu J. Combating COVID – 19 Together: China's Collaborative Response and the Role of Business Associations [J]. Nonprofit and Voluntary Sector Quarterly, 2020, 1 (12).